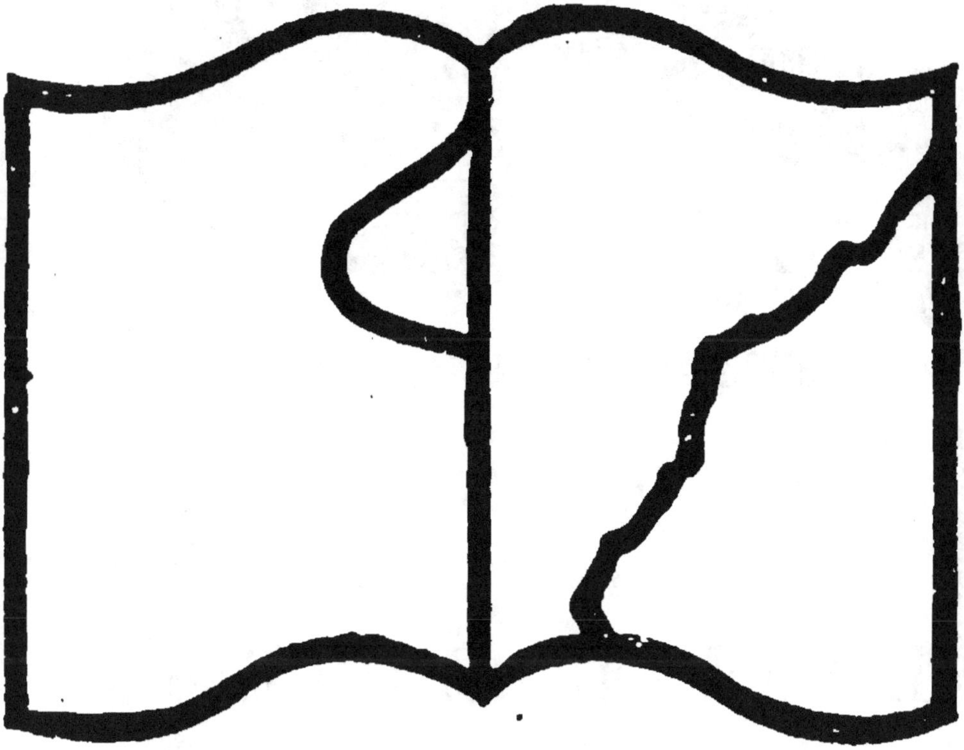

Texte détérioré — reliure défectueuse

NF Z 43-120-11

8° R
15528

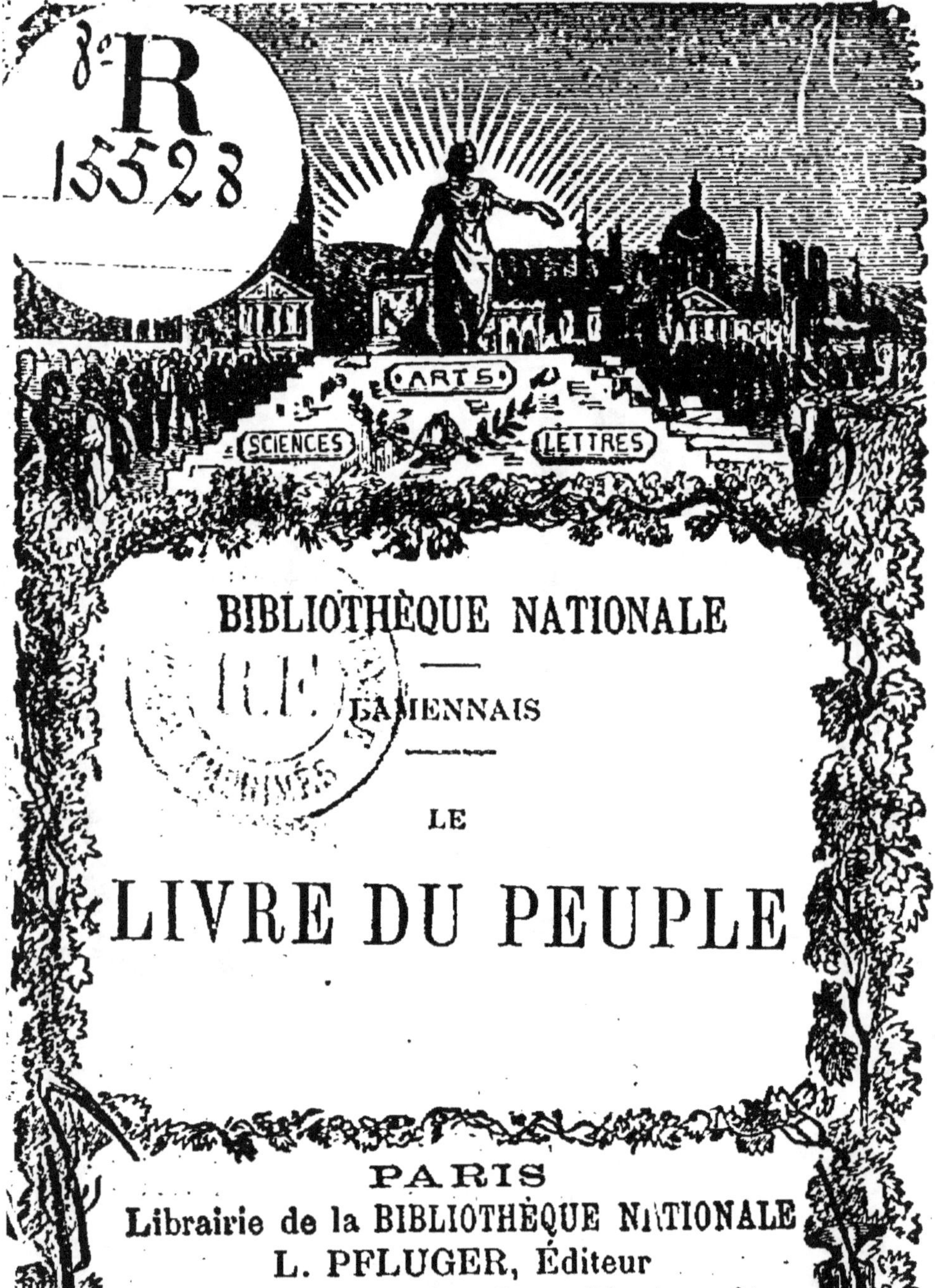

BIBLIOTHÈQUE NATIONALE

LAMENNAIS

LE LIVRE DU PEUPLE

PARIS
Librairie de la BIBLIOTHÈQUE NATIONALE
L. PFLUGER, Éditeur
Passage Montesquieu, 5, rue Montesquieu
PRÈS LE PALAIS-ROYAL

ume broché, 25 c. Franco partout, 35 c.
CHEZ TOUS LES LIBRAIRES
ans les Gares de Chemins de Fer

Bibliothèque Nationale. — Volumes à 25 c.

CATALOGUE AU 1er JANVIER 1895

Alfieri. De la Tyrannie........ 1
Arioste Roland furieux.... 6
Beaumarchais. Mémoires... 5
— Barbier de Séville...... 1
— Mariage de Figaro...... 1
Beccaria. Délits et Peines.. 1
Bernardin de Saint-Pierre. Paul et Virginie 1
Boileau Satires. Lutrin.... 1
— Art poétique. Epîtres.... 1
Bossuet. Oraisons funèbres. 2
— Discours sur l'Histoire universelle............... 3
Boufflers. Œuvres choisies. 1
Brillat-Savarin. Physiologie du Goût.. 2
Buffon. Discours sur le Style. Etude sur l'Histoire naturelle. Les Epoques de la Nature. Sur la Conservation des Forêts.... 2
Byron. Corsaire. Lara, etc. 1
Cazotte. Diable amoureux.. 1
Cervantes. Don Quichotte.. 4
César. Guerre des Gaules.. 1
Chamfort Œuvres choisies. 3
Chapelle et Bachaumont. Voyages amusants....... 1
Chateaubriand Atala. René. 1
Cicéron. De la République. 1
— Catilinaires. Discours... 1
— Discours contre Verrès.. 3
— Harangues au Peuple et au Sénat... 1
Collin-d'Harleville. Le Vieux Célibataire. M. de Craq.. 1
Condorcet Vie de Voltaire. 1
— Progrès de l'Esprit humain................... 2
Corneille. Le Cid. Horace.. 1
— Cinna. Polyeucte........ 1
— Rodogune. Le Menteur. 1
— Nicomède. Pompée...... 1
Cornélius Népos. Vies des grands Capitaines, etc... 2
Courier (P.-L.). Chefs-d'œuvre 2
— Lettres d'Italie....... ... 1
Cyrano de Bergerac Œuvres 2
D'Alembert. Encyclopédie.. 1
— Destruction des Jésuites. 1
Dante. L'Enfer 2
Démosthène. Philippiques et Olynthiennes........... 1
Descartes. De la Méthode. 1
Desmoulins (Camille). Œuvres 3
Destouches. Le Philosophe marié. La Fausse Agnès. 1
Diderot Neveu de Rameau. 1
— La Religieuse 1
— Romans et Contes 2
— Paradoxe du Comédien. 1
— Mélanges philosophiques 1
— Jacques le Fataliste.... 2
Duclos. Sur les Mœurs...... 1
Dumarsais. Essai sur les Préjugés....... 2
Dupuis. Origine des Cultes. 3
Epictète. Maximes 1
Erasme. Eloge de la Folie. 1
Fénelon. Télémaque......... 3
— Education des Filles.... 1
— Discours à l'Académie. Dialogues sur l'Eloquence. 1
Florian. Fables............ 1
— Galatée. Estelle......... 1
— Gonzalve de Cordoue.... 2
Foë. Robinson Crusoé..... 4
Fontenelle. Dialogues des Morts.................. 1
— Pluralité des Mondes... 1
— Histoire des Oracles....
Gilbert. Poésies............
Gœthe. Werther ....
— Hermann et Dorothée..
— Faust ....

BIBLIOTHÈQUE NATIONALE

COLLECTION DES MEILLEURS AUTEURS ANCIENS ET MODERNES

3316

LE LIVRE DU PEUPLE

PAR

LAMENNAIS

PARIS
LIBRAIRIE DE LA BIBLIOTHÈQUE NATIONALE
PASSAGE MONTESQUIEU (RUE MONTESQUIEU)
Près le Palais-Royal

1898

Tous droits réservé

8°R
15528

AU LECTEUR

Ce livre, cher lecteur, t'offrira peut-être quelques enseignements utiles; il t'instruira de tes droits et de tes devoirs; il t'apprendra combien il t'importe de défendre les uns avec fermeté et d'accomplir fidèlement les autres. Car, sans devoir, qu'est-ce que l'homme? une espèce de monstre isolé, dépourvu de liens, de relations sympathiques, d'amour, retiré en lui-même comme la bête de proie dans son antre, et vivant là d'une vie solitaire, morne, aveugle, poussé par la faim à la rapine, et dormant quand il est repu.

Et sans droits, qu'est-ce que l'homme? Un pur instrument de ceux qui ont des droits leur animal domestique, ce qu'est pour eux leur cheval, leur bœuf. Est-ce qu'à cette seule pensée, tu ne sens pas toute ton âme se soulever de honte et d'indignation, toi, la plus noble créature de Dieu et son image, le roi de ses œuvres, au sein desquelles il a voulu que ton œil ne vît, dans ce qu'elles ont de plus élevé, dans les êtres semblables à toi, que des frères, tes égaux par nature, et pas un maître?

Mais tu ne peux rien seul. Tu ne pourras donc jamais ni conserver tes droits sans cesse attaqués, ni les reconquérir, que par l'union avec tes frères; et point d'union sans la pratique rigoureuse des devoirs, sans le dévouement mutuel qui fait que, vivant en tous par l'amour, chacun a la force de tous pour appui de son droit et pour sa défense.

Quand tu auras bien compris ceci, et que tu seras bien résolu à y conformer de tout point ta conduite, une grande espérance luira sur le monde : et cette espérance s'accomplira si tu comprends encore que l'intelligence de la vérité, que les bonnes et saintes résolutions, pour produire leurs fruits, doivent s'incarner dans une action permanente, infatigable.

Les meilleures pensées, les plus purs sentiments et les plus féconds ressemblent au grain qui demeure stérile si on ne le dépose dans une terre préparée avec soin, et si on ne le cultive pendant sa croissance.

Des actes, des actes, et encore des actes, ou vous croupirez éternellement dans votre misère.

Au lieu de cela, chacun de vous s'assied dans son coin et s'y endort, parce qu'il ne sait comment agir et qu'il n'a pas foi dans sa propre action. Il doute, et c'est ce qui le perd, car le doute énervant relâche tous les ressorts de la volonté, affaiblit, engourdit toutes les puissances de l'âme.

Je sais bien que vous êtes entourés de mille gênes, de mille difficultés, de mille entraves : je sais bien que ceux qui vous chassent au travail, le fouet dans une main et tenant de l'autre le bout de la corde qu'ils vous ont passée au cou, surveillent tous vos mouvements et ne souffrent pas que vous vous écartiez, ni à droite ni à gauche, du sillon qu'ils vous forcent de creuser à leur profit; mais quand une corde et un fouet suffisent pour contenir l'homme sous le joug, c'est que déjà il n'est plus un homme.

Il se redresse toujours quand il veut: quand ce qui fait vraiment l'homme n'est pas mort en lui, il peut toujours faire acte d'homme.

Voyez, chez une nation voisine, ces millions d'ouvriers, pâles d'épuisement et de besoin, mais dont la poitrine renferme un cœur que l'oppression n'a point abattu ; voyez-les se levant tous ensemble et réclamant, par les voies légales, leurs droits méconnus et foulés aux pieds.

Ils croient en Dieu et en eux-mêmes; ils croient aux temps des semailles, à la moisson future, et c'est pourquoi ils la récolteront. Leur fermeté calme, mais persévérante, inflexible, inébranlable, vaincra toutes les résistances. Le jour de la justice, si longtemps attendu, apparaîtra pour eux, et l'avenir racontera comment d'une prison leur courage se fit une patrie.

Dites, dites, est-ce que leur voix n'est pas venue jusqu'à votre oreille? ou est-ce que cette grande voix, cette voix d'un peuple entier, disant *je veux*, n'a rien remué en vous?

Ce qu'il peut, vous le pouvez. Vous pouvez parler, vous pouvez demander d'être comptés pour quelque chose dans une société qui ne subsiste que par vous.

Vous pouvez demander votre part d'influence dans l'administration de la chose publique, qui est avant tout votre chose à vous.

Vous pouvez demander que les portes des lieux où l'on délibère sur vous, sur vos intérêts, sur votre vie même, soient ouvertes à ceux que vous aurez vous-mêmes choisis pour vous représenter; que le droit de suffrage vous élève de la vile condition de serfs politiques à la dignité de citoyens.

Vous pouvez demander de n'être plus, dans le pays qui vous doit et sa puissance et sa richesse, ce qu'y sont les animaux des champs et de basse-cour.

Vous pouvez demander qu'on daigne enfin vous reconnaître pour hommes, qu'une loi impie n'efface plus désormais le sacré caractère que Dieu a, de son doigt, imprimé sur votre front.

Vous pouvez demander cela, le demander sans cesse, le demander toujours plus haut; et, si vous le demandez ainsi, qui répondra non ?

Ils n'oseraient. Veuillez donc seulement, et le monde changera de face.

Que si, au contraire, chacun de vous, inactif, silencieux, se tient à l'écart, regardant de là comment vont les choses et se plaignant qu'elles vont mal, renoncez à l'espoir que jamais elles aillent mieux, et, sous le poids des maux que vous léguerez à vos enfants, n'accusez que vous-mêmes, votre indolence et votre insouciance, votre égoïsme et votre lâcheté.

En passant sur cette terre, comme nous y passons tous, pauvres voyageurs d'un jour, j'ai entendu de grands gémissements ; j'ai ouvert les yeux, et mes yeux ont vu des souffrances inouïes, des douleurs sans nombre. Pâle, malade, défaillante, couverte de vêtements de deuil parsemés de taches de sang, l'humanité s'est levée devant moi, et je me suis demandé : Est-ce donc là l'homme, est-ce là lui tel que Dieu l'a fait? Et mon âme s'est émue profondément, et ce doute l'a remplie d'angoisse.

Mais bientôt j'ai compris que ces souffrances et ces douleurs ne viennent pas de Dieu, de qui tout bien émane et de qui rien n'émane que le bien; qu'elles sont l'œuvre de l'homme même enseveli dans son ignorance et corrompu dans ses passions; et j'ai espéré, et j'ai eu foi dans l'avenir de la race humaine. Ses destinées changeront lorsqu'elle voudra qu'elles changent, et elle voudra sitôt qu'au sentiment de son mal se joindra la claire connaissance du remède qui le peut guérir.

Regarde, ô peuple, s'il n'est pas temps de justifier l'auteur des êtres, en te créant un sort plus conforme à sa justice, à sa bonté.

Tu dis : J'ai froid; et pour réchauffer tes membres amaigris, on les étreint de triples liens de fer.

Tu dis : J'ai soif; et l'on te répond : Bois tes larmes.

Tu succombes sous le labeur, et tes maîtres s'en réjouissent; ils appellent tes fatigues et ton épuisement le frein nécessaire du travail.

Tu te plains de ne pouvoir cultiver ton esprit, développer ton intelligence, et tes dominateurs disent : C'est bien! il faut que le peuple soit abruti pour être gouvernable.

Dieu adressa dans l'origine ce commandement à tous les hommes : Croissez et multipliez, et remplissez la terre, et subjuguez-la; et l'on te dit à toi : Renonce à la famille, aux chastes douceurs du mariage, aux pures joies de la paternité; abstiens-toi, vis seul. Que pourrais-tu multiplier que tes misères?

Il est donc certain, l'humanité n'est pas ce que Dieu a voulu qu'elle fût; elle a dévié de ses voies. Comment y rentrera-t-elle?

Ecoutez.

Il y eut une Loi dès le commencement : cette Loi fut oubliée, violée.

De nouveau, après quarante siècles, le Christ la promulgua plus parfaite, plus sainte.

Et on l'a violée, oubliée encore.

Maintenant elle gît là sous les ruines des devoirs et des droits : et c'est pourquoi, courbés et tristes, vous errez au hasard dans la nuit.

En cette divine loi, en elle seule est votre salut : la semence féconde des biens que le Créateur vous a destinés.

Ecartez les décombres amoncelés sur elle, et cette espérance consolante, cette parole prophétique des anciens jours s'accomplira pleinement en vous :

LE PEUPLE QUI LANGUISSAIT DANS LES TÉNÈBRES A VU UNE GRANDE LUMIÈRE ; ET LA LUMIÈRE S'EST LEVÉE SUR CEUX QUI ÉTAIENT ASSIS DANS LA RÉGION DE L'OMBRE DE LA MORT.

LE

LIVRE DU PEUPLE

— 1837 —

I

Toutes choses ne sont pas en ce monde comme elles devraient être. Il y a trop de maux et des maux trop grands. Ce n'est pas là ce que Dieu a voulu.

Les hommes, nés d'un même père, auraient dû ne former qu'une seule grande famille, unie par le duox lien d'un amour fraternel. Elle eût ressemblé, dans sa croissance, à un arbre dont la tige produit, en s'élevant, des branches nombreuses d'où sortent des rameaux, et de ceux-ci d'autres encore, nourris de la même séve, animés de la même vie.

Dans une famille, tous ont en vue l'avantage de tous, parce que tous s'aiment et que tous ont part au bien commun. Il n'est pas un de ses membres qui n'y contribue d'une manière diverse, selon sa force, son intelligence, ses aptitudes particulières : l'un fait ceci, l'autre cela ; mais l'action de chacun profite à tous, et l'action de tous profite à chacun. Qu'on ait peu ou beaucoup, on partage en frères ; nulles distinctions autour du foyer domestique. On n'y voit point ici la faim à côté de l'abondance. La coupe que Dieu remplit de ses dons passe de main en main, et le vieillard et le petit enfant, celui qui ne peut plus ou ne peut encore supporter la fatigue, et celui qui revient des champs, le front baigné de sueur, y trempent également leurs lèvres. Leurs joies, leurs souffrances sont communes. Si l'un est infirme, s'il tombe malade, s'il devient avant l'âge incapable de travail, les autres le nourrissent et le soignent : de sorte qu'en aucun temps il n'est abandonné.

Point de rivalités possibles quand on n'a qu'un même intérêt ; point de discussions dès lors. Ce qui enfante les dissensions, la haine, l'envie, c'est le désir insatiable de posséder plus et toujours plus, lorsque l'on possède pour soi seul. La Providence maudit ces possessions solitaires. Elles irritent sans cesse la convoitise, et ne la satisfont jamais. On ne jouit que des biens partagés.

Père, mère, enfants, frères, sœurs, quoi de plus saint, de plus doux que ces noms? et pourquoi y en a-t-il d'autres sur la terre?

Si ces liens s'étaient conservés tels qu'ils furent originairement, la plupart des maux qui affligent la race humaine lui seraient restés inconnus, et la sympathie eût allégé les maux inévitables. Les seules larmes dont l'amertume soit sans mélange sont celles qui ne tombent dans le sein de personne et que personne n'essuie.

D'où vient que notre destinée est si pesante et notre vie si pleine de misères? Ne nous en prenons qu'à nous-mêmes: nous avons méconnu les lois de la nature, nous nous sommes détournés de ses voies. Celui qui se sépare des siens pour gravir sans aide entre des rochers ne doit pas se plaindre que le voyage soit rude.

« Regardez les oiseaux du ciel: ils ne sèment ni ne moissonnent, ni ne rassemblent en des greniers, et le Père céleste les nourrit. N'êtes-vous pas d'un plus grand prix qu'eux? »

Il y a place pour tous sur la terre, et Dieu l'a rendue assez féconde pour fournir abondamment aux besoins de tous. Si plusieurs manquent du nécessaire, c'est donc que l'homme a troublé l'ordre établi de Dieu, c'est qu'il a rompu l'unité de la famille primitive, c'est que les membres de cette famille sont devenus premièrement étrangers les uns aux autres, puis ennemis les uns des autres.

Il s'est formé des multitudes de sociétés particulières, de peuplades, de tribus, de nations qui, au lieu de se tendre la main, de s'aider mutuellement, n'ont songé qu'à se nuire.

Les passions mauvaises et l'égoïsme d'où elles naissent toutes ont armé les frères contre les frères : chacun a cherché son bien aux dépens d'autrui ; la rapine a banni la sécurité du monde, la guerre l'a dévasté. On s'est disputé avec fureur les lambeaux sanglants de l'héritage commun. Or quand la force, destinée au travail qui produit, est presque tout entière employée à détruire ; quand l'incendie, le pillage, le meurtre, marquent sur le sol le passage de l'homme ; que la conquête intervertit les rapports naturels entre chaque population et l'étendue du territoire qu'elle occupe et peut cultiver : que des obstacles sans nombre interrompent ou entravent les communications d'un pays à l'autre et le libre échange de leurs productions, comment des désordres aussi profonds n'entraîneraient-ils pas des souffrances également profondes ?

Les nations ainsi divisées entre elles,

chaque nation s'est encore divisée en elle-même. Quelques-uns sont venus qui ont proféré cette parole impie : A nous de commander et de gouverner : les autres ne doivent qu'obéir.

Ils ont fait les lois pour leur avantage, et les ont maintenues par la force. D'un côté le pouvoir, les richesses, les jouissances ; de l'autre toutes les charges de la société.

En certains temps et certains pays, l'homme est devenu propriété de l'homme; on a trafiqué de lui, on l'a vendu, acheté comme une bête de somme.

En d'autres pays et d'autres temps, sans lui ôter sa liberté, on a fait en sorte que le fruit de son travail revînt presque entier à ceux qui le tenaient sous leur dépendance. Mieux eût valu pour lui un complet esclavage ; car le maître au moins nourrit, loge, vêtit son esclave, le soigne dans ses maladies, à cause de l'intérêt qu'il a de le conserver ; mais celui qui n'appartient à personne, on s'en sert pendant qu'il y a quelque profit à en tirer, puis on le laisse là. A quoi est-il bon lorsque l'âge et le labeur ont usé ses forces ? A mourir de faim et de froid au coin de la rue. Encore son aspect choquerait-il ceux qui ont toutes les joies de la vie. Peut-être leur dirait-il quand ils passent· Un morceau de pain pour l'amour de Dieu ! Cela serait importun à entendre. On le ramasse donc et on le jette dans un de ces lieux immondes, de ces *dépôts de mendicité*, comme on les appelle, qui sont comme l'entrée de la voirie.

Partout, l'amour excessif de soi a étouffé l'amour des autres. Des frères ont dit à leurs frères : Nous ne sommes pas de même race que vous ; notre sang est plus pur ; nous ne voulons pas le mêler avec le vôtre. Vous et vos enfants, vous êtes à jamais destinés à nous servir.

Ailleurs on a établi des distinctions fondées, non sur la naissance, mais sur l'argent.

— Que possédez-vous ? — Tant. — Asseyez-vous au banquet social : la table est dressée pour vous. Toi qui n'as rien, retire-toi. Est-ce qu'il y a une patrie pour le pauvre ?

Ainsi la fortune a marqué les rangs, déterminé les classes ; on a eu des droits de toutes sortes, parce qu'on était riche, le privilége exclusif de prendre part à l'administration des affaires de tous, c'est-à-dire de faire ses propres affaires aux dépens de tous ou de presque tous.

Les *prolétaires*, ainsi qu'on les nomme avec un superbe dédain, affranchis individuellement, ont été en masse la propriété de ceux qui règlent les relations entre les membres de la société, le mouvement de l'industrie, les conditions du travail, son prix et la répartition de ses fruits. Ce qu'il leur a plu d'ordonner, on l'a nommé *loi*, et les lois n'ont été pour la plupart que des mesures d'intérêt privé, des moyens d'augmenter et de perpétuer la domination et les abus de la domination du petit nombre sur le plus grand.

Tel est devenu le monde lorsque le lien de la fraternité a été brisé. Le repos, l'opulence, tous les avantages pour les uns ; pour les autres la fatigue, la misère et une fosse au bout.

Ceux-là forment, sous différents noms, les classes élevées ; de ceux-ci se compose le peuple.

II

Vous êtes peuple : sachez d'abord ce que c'est que le peuple.

Il y a des hommes qui, sous le poids du jour, sans cesse exposés au soleil, à la pluie, au vent, à toutes les intempéries des saisons, labourent la terre, déposent dans son sein, avec la semence qui fructifiera, une portion de leur force et de leur vie, en obtiennent ainsi, à la sueur de leur front, la nourriture nécessaire à tous.

Ces hommes-là sont des hommes du peuple.

D'autres exploitent les forêts, les carrières, les mines ; descendent à d'immenses profondeurs dans les entrailles du sol, afin d'en extraire le sel, la houille, le minerai, tous les matériaux indispensables aux métiers, aux arts. Ceux-ci, comme les premiers, vieillissent dans un dur labeur, pour procurer à tous les choses dont tous ont besoin.

Ce sont encore des hommes du peuple.

D'autres fondent les métaux, les façonnent, leur donnent les formes qui les rendent propres à mille usages variés ; d'autres travaillent le bois ; d'autres tissent la laine, le lin, la soie, fabriquent les étoffes diverses ; d'autres pourvoient de la même manière aux différentes nécessités qui dérivent ou de la nature directement, ou de l'état social.

Ce sont encore des hommes du peuple.

Plusieurs, au milieu de périls continuels, parcourent les mers pour transporter d'une contrée à l'autre ce qui est propre à chacune d'elles, ou luttent contre les flots et les tempêtes, sous les feux des tropiques comme au milieu des glaces polaires, soit pour augmenter par la pêche la masse commune des subsistances, soit pour arracher à l'Océan une multitudes de productions utiles à la vie humaine.

Ce sont encore des hommes du peuple.

Et qui prend les armes pour la patrie, qui la défend, qui donne pour elle ses plus belles années, et ses veilles, et son sang? qui se dévoue et meurt pour la sécurité des autres, pour leur assurer les tranquilles jouissances du foyer domestique, si ce n'est les enfants du peuple?

Quelques-uns d'eux aussi, à travers mille obstacles, poussés, soutenus par leur génie, développent et perfectionnent les arts, les lettres, les sciences, qui adoucissent les mœurs, civilisent les nations, les environnent de cette splendeur éclatante qu'on appelle la gloire, forment enfin une des sources, et la plus féconde, de la prospérité publique.

Ainsi, en chaque pays, tous ceux qui fatiguent et qui peinent pour produire et répandre les productions, tous ceux dont l'action tourne au profit de la communauté entière, les classes les plus utiles à son bien-être, les plus indispensables à sa conservation, voilà le peuple. Otez un petit nombre de privilégiés ensevelis dans la pure jouissance, le peuple, c'est le genre humain.

Sans le peuple, nulle prospérité, nul développement, nulle vie: car point de vie sans travail, et le travail est partout la destinée du peuple.

Qu'il disparût soudain, que deviendrait la société? Elle disparaîtrait avec lui. Il ne resterait que quelques rares individus dispersés sur le sol, qu'alors il leur faudrait bien cultiver de leurs mains. Pour vivre ils seraient immédiatement obligés de se faire peuple.

Or, dans cette société, presque uniquement composée du peuple et qui ne subsiste que par le peuple, quelle est la condition du peuple? que fait-elle pour lui?

Elle le condamne à lutter sans cesse contre des multitudes d'obstacles de tout genre, qu'elle oppose à l'amélioration de son sort, au soulagement de ses maux; elle lui laisse à peine une petite portion du fruit de ses travaux; elle le traite comme le laboureur traite son cheval et son bœuf, et souvent moins bien ; elle lui crie, sous des noms divers : Une servitude sans terme et une misère sans espérance !

III

Si l'on comptait toutes les souffrances que, depuis des siècles et des siècles, le peuple a endurées sur la surface du globe, non par une suite des lois de la nature, mais des vices de la société, le nombre en égalerait celui des brins d'herbe qui couvrent la terre humectée de ses pleurs.

En sera-t-il donc toujours ainsi? Cette multitude est-elle destinée à parcourir perpétuellement le cercle des mêmes douleurs? N'a-t-elle rien à attendre de l'avenir? Sur tous les points de la route tracée par elle à travers le temps ne sortira-t-il jamais de ses entrailles qu'un lamentable cri de détresse? Y a-t-il en elle ou hors d'elle quelque nécessité fatale qui doive jusqu'à la fin lui interdire un état meilleur? le Père céleste l'a-t-il condamnée à souffrir également toujours?

Ne le pensez pas, ce serait blasphémer en vous-même.

Les voies de Dieu sont des voies d'amour. Ce qui vient de lui, ce ne sont pas les maux qui affligent ces pauvres créatures, mais les biens qu'il répand autour d'elles avec profusion.

Le vent doux et tiède qui les ranime au printemps est son souffle, et la rosée qui les rafraîchit durant les feux de l'été est sa moite haleine.

Quelques-uns disent : Vous êtes en naissant destinés au supplice; ici-bas votre vie n'est que cela et ne doit être que cela. Mais le supplice, ce sont eux qui le font et parce qu'ils ont fondé leur bien à eux sur le mal des autres, ils voudraient persuader à ceux-ci que leur misère est irrémédiable et qu'essayer seulement d'en sortir serait une tentative aussi criminelle qu'insensée.

N'écoutez pas cette parole menteuse. La félicité parfaite à laquelle tout être humain aspire n'est pas, il est vrai, de ce monde : vous y passez pour atteindre un but, pour remplir les devoirs, pour accomplir une œuvre; le repos est au delà, et c'est maintenant le temps du travail. Ce travail néanmoins, selon le dessein de celui qui l'impose, n'est point un châtiment continuel à subir, mais, autant que le permet l'effort qu'il nécessite, un bien réel quoique mélangé, un commencement de la joie qui, dans sa plénitude, en est le terme.

Nous ressemblons au laboureur : il sème à l'entrée de l'hiver et ne recueille qu'en automne. Toutefois sa fatigue est-elle sans douceur, et le contentement ne germe-t-il pas avec l'espérance dans ses sillons?

La misère qu'on vous dit être irrémédiable, vous avez au contraire à y remédier, et puisque l'obstache n'est pas dans la nature, mais dans les hommes, vous le pourrez sitôt que vous le voudrez; car ceux dont l'intérêt, tel qu'ils le comprennent faussement, serait de vous en empêcher, que sont-ils près de vous? Quelle est leur force? Vous êtes cent contre chacun d'eux!

Si jusqu'ici vous n'avez recueilli que si peu de fruit de vos efforts, comment s'en étonner? Vous aviez en main ce qui renverse, vous n'aviez pas dans le cœur ce qui fonde : la justice vous a manqué quelquefois, la charité toujours.

Vous aviez à défendre votre droit, vous avez ou l'on a souvent attaqué en votre nom le droit d'autrui : vous aviez à établir la fraternité sur la terre, le règne de Dieu et le règne de l'amour : au lieu de cela, chacun n'a pensé qu'à soi, chacun n'a eu en vue que son intérêt propre; la haine et l'envie vous ont animés. Sondez votre âme, et presque tous vous y trouverez cette pensée secrète : Je travaille et je souffre, celui-là est oisif et regorge de jouissances : pourquoi lui plutôt que moi? et le désir que vous nourrissez serait d'être à sa place, pour vivre comme lui et agir comme lui.

Or, ce ne serait pas là détruire le mal, mais le perpétuer. Le mal est dans l'injustice, et non en ce que ce soit celui-ci plutôt que celui-là qui profite de l'injustice.

Voulez-vous réussir? faites ce qui est bon par de bons moyens. Ne confondez pas la force que dirigent la justice et la charité avec la violence brutale et féroce.

Voulez-vous réussir? pensez à vos frères autant qu'à vous; que leur cause soit votre cause, leur bien votre bien, leur mal votre mal, ne vous voyez vous-mêmes et ne vous sentez qu'en eux; que votre insouciance se transforme en sympathie profonde et votre égoïsme en dévouement. Alors vous ne serez plus des individus dispersés, dont quelques-uns mieux unis font tout ce qu'ils veulent : vous serez un, et, quand vous serez un, vous serez tout; et qui désormais s'interposera entre vous et le but que vous voulez atteindre? Isolés à présent, parce que chacun ne s'occupe que de soi, de ses fins personnelles, on vous oppose les uns aux autres, on vous maîtrise les uns par les autres; quand vous n'aurez qu'un intérêt, une volonté, une action commune, où est la force qui vous vaincra?

Mais comprenez bien quelle tâche est la vôtre, sans quoi vous échoueriez toujours.

Ce n'est point de vous faire individuellement un sort meilleur, car la masse resterait également souffrante, et rien ne serait changé dans le monde: le bien et le mal y subsisteraient en même proportion : ils y seraient seulement, quant aux personnes, distribués différemment : l'un monterait, l'autre descendrait, et ce serait tout.

Ce n'est point de substituer une domination à une autre domination. Qu'importe qui domine? Toute domination implique des classes distinctes, par conséquent des priviléges, par conséquent un assemblage d'intérêts qui se combattent, et, en vertu des lois faites par les classes élevées pour s'assurer les avantages de leur position supérieure, le sacrifice de tous ou de presque tous à quelques-uns. Le peuple est comme l'engrais de la terre où elles prennent racine.

Votre tâche, la voici ; elle est grande : vous avez à former la famille universelle, à construire la Cité de Dieu, à réaliser progressivement, par un travail ininterrompu, son œuvre dans l'humanité.

Lorsque, vous aimant les uns les autres comme des frères, vous vous traiterez mutuellement en frères ; que chacun, cherchant son bien dans le bien de tous, unira sa vie à la vie de tous, ses intérêts à l'intérêt de tous, prêt sans cesse à se dévouer pour tous les membres de la commune famille, également prêts eux-mêmes à se dévouer pour lui, la plupart des maux sous le poids desquels gémit la race humaine disparaîtront, comme les vapeurs qui chargent l'horizon se dissipent au lever du soleil, et ce que Dieu veut s'accomplira, car sa volonté est que, l'amour unissant peu à peu, d'une manière toujours plus intime, les éléments épars de l'humanité, et les organisant en un seul corps, elle soit une comme lui-même est un.

IV

A présent vous savez quel est le but auquel vous devez tendre. La nature vous dirige vers lui, vous presse incessamment de l'atteindre, en vous inspirant le désir invincible d'être délivrés des maux qui de toutes parts vous assiégent, le désir d'un état meilleur et qui ne peut être meilleur pour vous qu'il ne le soit aussi pour vos frères. Ainsi, en travaillant pour eux, vous travaillerez pour vous, et vous ne pouvez travailler avec fruit pour vous qu'en travaillant pour eux avec un amour que rien ne lasse.

Ce n'est pas tout cependant de connaître le but que vous a marqué le Créateur, il est nécessaire de savoir encore par quels moyens vous y parviendrez ; sans quoi vos efforts seraient stériles. Pauvres voyageurs fatigués, vous aspirez au gîte du soir : apprenez-en la route.

Je vous dirai toute la vérité, parce que

c'est elle qui sauve. Il y en a qui croient bon de la voiler : ce sont ou des imposteurs, ou des timides que Dieu effraye : car la vérité, c'est Dieu même, et la voiler, c'est voiler Dieu.

La sagesse qui préside à la vie humaine et l'empêche d'errer au hasard consiste dans la connaissance et dans la pratique des vraies lois de l'humanité ; et l'ensemble de ces lois dont se compose l'ordre moral est ce qu'on appelle *droits* et *devoirs*.

Plusieurs ne vous parlent que de vos devoirs, d'autres ne vous parlent que de vos droits : c'est séparer dangereusement ce qui de fait est inséparable. Il faut que vous connaissiez et vos devoirs et vos droits, pour défendre ceux-ci, pour acccomplir ceux-là, jamais vous ne sortirez autrement de votre misère.

Le droit et le devoir sont comme deux palmiers, qui ne portent point de fruit s'ils ne croissent à côté l'un de l'autre.

Votre droit, c'est vous, votre vie, votre liberté.

Est-ce que chacun n'a pas le droit de vivre, le droit de conserver ce qu'il tient de Dieu ?

Est-ce que chacun n'a pas le droit d'exercer sans obstacle et de développer ses facultés tant spirituelles que corporelles, afin de pourvoir à ses besoins, d'améliorer sa condition, de s'éloigner toujours plus de la brute et de se rapprocher toujours plus de Dieu ?

Est-ce qu'on peut justement retenir un pauvre être humain dans son ignorance et dans sa misère, dans son dénûment et son abaissement, lorsque ses efforts pour en sortir ne nuisent à personne, ou ne nuisent qu'à ceux qui fondent leur bien-être sur l'iniquité en le fondant sur le mal des autres ?

La colère de ces hommes mauvais, lorsque le faible secoue des chaînes qui l'étreignent, n'est-ce pas la colère de la bête féroce contre sa victime qui se débat ? et leurs plaintes, ne sont-ce pas les plaintes du vautour à qui sa proie échappe ?

Or, ce qui est vrai de chacun est vrai de tous ; tous doivent vivre, tous doivent jouir d'une légitime liberté d'action, pour accomplir leur fin en se développant et se perfectionnant sans cesse. On doit donc mutuellement respecter le droit les uns des autres, et c'est là le commencement du devoir, la justice.

Mais la justice ne suffirait pas aux besoins de l'humanité. Chacun sous son empire jouirait à la vérité pleinement de son droit, mais resterait isolé dans le monde, privé des secours et de l'aide perpétuellement nécessaire à tous. Un homme manquerait-il de pain, on dirait : Qu'il en cherche ; est-ce que je l'en empêche ? Je ne lui ai point enlevé ce qui était à lui. Chacun chez soi et chacun pour soi. On répéterait le mot de Caïn : « Suis-je chargé de mon frère ? » La veuve, l'orphelin, le malade, le faible seraient abandonnés. Nul appui réciproque, nul bon office désintéressé : partout l'égoïsme et l'indifférence ; plus de liens véritables, plus de souffrances ni de joies partagées, plus de respiration commune.

La vie, retirée au fond de chaque cœur, s'y consumerait solitaire comme une lampe dans un tombeau, n'éclairant que les débris de l'homme ; car un homme sans entrailles, dénué de compassion, de sympathies, d'amour, qu'est-ce autre chose qu'un cadavre qui se meut ?

Et puisque nous avons tous besoin les uns des autres, de nous appuyer les uns sur les autres, comme les frêles tiges des herbes des champs que le moindre souffle agite et courbe ; puisque le genre humain périrait sans une mutuelle communication des biens que chacun possède individuellement en vertu de la loi de justice, une autre loi est nécessaire à sa conservation, et cette loi est la charité, et la charité, qui forme un seul corps vivant des membres épars de l'humanité, est la consommation du devoir, dont la justice est le premier fondement.

Que serait un homme privé de toute liberté sur la terre, qui ne pourrait ni aller, ni venir, ni agir qu'autant qu'un autre le lui commanderait ou le lui permettrait? Que serait-ce qu'un peuple entier réduit à cette condition? Les bêtes sauvages vivent plus heureuses et moins dégradées au sein des forêts.

Mais aussi que serait un homme concentré uniquement en lui-même par l'égoïsme, ne nuisant à personne directement et ne servant non plus personne, ne songeant qu'à soi, ne vivant que pour soi? Que serait un peuple composé d'individus sans liens, où nul ne compatirait aux maux d'autrui, ne se tiendrait obligé d'aider ses frères et de les secourir: où tout échange de services, tout acte de miséricorde et de pitié ne serait qu'un calcul d'intérêt; où la plainte de celui qui souffre, les gémissements de la douleur, le sanglot de la détresse, le cri de la faim s'exhaleraient dans les airs comme un vain bruit; où rien ne se répandrait de chacun en tous et de tous en chacun, par une secrète impulsion de l'amour, qui ne sait ce que c'est que posséder, parce qu'il ne jouit que de ce qu'il donne?

Ce peuple, semblable aux légers débris

abandonnés sur l'aire après que le grain a été recueilli, pourrirait bien vite dans la boue, s'il n'était emporté par l'une de ces tempêtes à qui Dieu ordonne de passer sur ce monde pour le purifier.

C'est le droit qui affranchit, mais c'est le devoir qui unit; et l'union, c'est la vie, et la parfaite union est la vie parfaite.

La nature entière nous avertit de l'indispensable besoin que tous ont les uns des autres; le précepte divin du secours mutuel et du dévouement et de l'amour nous est à chaque instant rappelé par ce que nos yeux voient autour de nous. Lorsque le temps est venu pour elles d'aller chercher en d'autres climats la pâture que le Père céleste leur y a préparée, les hirondelles s'assemblent; puis, sans se séparer jamais, elles voguent, nautoniers aériens, vers les rivages où elles se reposeront dans la paix et dans l'abondance. Seule, que deviendrait chacune d'elles? pas une n'échapperait aux périls de la route; réunies, elles résistent aux vents; l'aile débile ou fatiguée s'appuie sur une aile moins frêle. Pauvres douces petites créatures que le dernier printemps vit éclore, les plus jeunes, abritées par leurs aînées, atteignent sous leur garde le terme du voyage, et, sur la terre lointaine où la Providence les a conduites par-dessus les mers, rêvent le nid natal et ses premières joies, ces joies mystérieuses, ineffables, que Dieu a mises pour tous les êtres à l'entrée de la vie.

V

Je vous l'ai dit : votre droit, c'est vous, votre vie, votre liberté. Chaque homme n'est-il pas individuellement distinct de tout autre? n'a-t-il pas son existence propre, séparée et indépendante, ses organes corporels, sa pensée, sa volonté? Il ne serait pas s'il n'etait soi et uniquement soi.

Or, se conserver, se développer selon ses lois particulières, en harmonie avec les lois universelles, posséder pleinement le nom de Dieu, en jouir sans trouble, voilà le droit, hors duquel nul ordre, nul progrès, nulle existence ; et le droit, dès lors, a pour chacun sa racine dans son être même.

Ainsi le droit, en ce qu'il a de primitif et de radical, est inaliénable. A-t-on jamais imaginé qu'on pût aliéner son être, le donner à autrui, le lui rendre propre? On peut, on doit quelquefois mourir pour son frère; mais on ne peut ni transformer son frère en soi, ni se transformer en son frère.

Le droit de se conserver, ou le droit de

vivre, implique le droit à tout ce qui est indispensable à l'entretien de la vie. L'auteur de l'univers n'a pas fait l'homme de pire condition que les animaux : tous ne sont-ils pas conviés au riche banquet de la nature? Un seul d'entre eux en est-il exclu? Dans l'atome liquide où voyage, comme la baleine dans l'Océan, l'insecte imperceptible, la Providence a déposé l'aliment nécessaire à sa subsistance, et lui aussi puise à la mamelle intarissable de la commune mère sa goutelette du lait qu'elle distribue, selon la mesure de ses besoins, à chaque créature.

Mais l'homme, plus élevé qu'aucune d'elles, a deux sortes de vie, la vie du corps et la vie de l'esprit : « Il ne vit pas seulement de pain, mais de toute parole qui procède de la bouche de Dieu, » c'est-à-dire de la vérité, qui nourrit son intelligence.

Que serait-il sans la connaissance de la loi religieuse et morale, qui l'unit à Dieu et à ses semblables, qui le sépare de la brute par le sublime privilége de la vertu?

Eclairé de la lumière qui luit éternellement au sein de l'Etre infini, et qui est lui-même, il découvre ce qui ne passe ni ne change, le vrai immuable, les idées, les modèles à jamais subsistants de tout ce qui est et de tout ce qui peut être.

Et si, de cette hauteur d'où il contemple ses propres destinées, qu'aucune durée ne limite, où l'espérance déploie dans l'immensité ses ailes infatigables, où il sent au dedans de soi une force secrète qui le ravit au-dessus du temps comme un corps léger monte du fond des mers, si, de cette hauteur, nous redescendons dans l'étroite vallée où s'accomplit la première phase de son existence, que serait-il encore sans la science, qui, l'instruisant des lois de la nature, la soumet à son empire, en ramène à son usage toutes les productions, l'arme de ses puissances les plus énergiques pour la dompter elle-même et la contraindre d'obéir à ses volontés, dilate enfin de plus en plus la sphère de son action en dilatant indéfiniment celle de son intelligence?

Il dit à la terre : Fais germer cette plante en ton sein; et la plante y germe pour que son fruit le nourrisse.

Il dit aux vents : Transportez-moi aux extrémités du monde; et les vents dociles le déposent au rivage désiré.

Il dit à la vapeur : Fais l'œuvre de mes bras, prête-moi ta force si prodigieusement supérieure à la mienne; et, pendant qu'il se repose, cette force aveugle opère avec une régularité merveilleuse ce que sa pensée a conçu.

La connaissance donc de la loi religieus

et morale, et celle des lois de l'univers, telle est la vie de l'esprit; et tous ont droit à cette connaissance, parce que tous ont le droit de vivre, le droit de se conserver et de se développer.

Or, se développer, c'est croître sans obstacle, c'est appliquer librement son activité à tout ce vers quoi la porte l'impulsion interne, dans les limites fixées par l'ordre universel ; et le droit, dès lors essentiellement inséparable de la liberté, se confond avec elle dans son exercice.

Nul homme n'appartient à un autre homme. Ne sont-ils pas égaux par nature? Sur quel fondement donc l'un d'eux prétendrait-il s'asservir les autres? Chacun, maître de soi, peut à son gré disposer de soi. Autrement, au lieu d'être ce que Dieu l'a fait, un être raisonnable doué de volonté, pouvant agir ou n'agir pas, selon sa propre détermination, il devient un pur automate. Or, je vous le demande, est-ce là l'homme? Concevez-vous un être humain privé de raison, ou une raison sans volonté, ou une volonté sans action, ou un acte qui soit réellement de celui qui l'opère, s'il ne dépend pas de lui uniquement?

Ainsi la liberté c'est le droit, et le droit c'est la liberté.

Avec elle disparaît tout ordre moral

Celui qui ne pense, ne croit, ne fait que ce qu'on lui commande, de quel mérite est-il capable et de quoi répond-il ? il n'existe pour lui ni vrai ni faux, ni bien ni mal.

Le bien et le mal impliquent un choix, indiquent la liberté, et la liberté, soumise aux conditions générales de l'ordre, qui sont celles de l'existence même, a sa limite et sa règle, non dans les prescriptions humaines, mais dans les lois divines : pour le corps, dans les lois physiques ; pour l'esprit, dans les lois de la justice et de la raison.

Vous n'avez de maître que DIEU, et sa volonté est que vous soyez libres, afin d'être semblables à lui, et de mériter par vos efforts, qu'il aidera d'en haut, d'être un jour pleinement unis à lui

Louanges, amour à celui qui a créé l'homme et l'a fait si grand, que les mondes innombrables semés dans l'espace ne sont qu'autant de flambeaux allumés sur sa route, dont le terme, seul lieu de son repos, est la source même de toute vie, de tout bien et de toute perfection.

VI

Tel est le droit selon son essence ; il est le principe conservateur de l'être individuel, sa loi propre. On peut le violer, mais il réclame éternellement contre sa violation ; et, dans l'ensemble des choses, il est indestructible, parce que tout périrait s'il était détruit ; la création entière rentrerait dans le néant.

Mais l'homme ne vit pas seul ; Dieu ne l'a point destiné à cette existence solitaire ; il ne se conserve et ne se développe selon sa nature que dans la société, par l'union avec ses semblables ? et l'union des individus forme les peuples, et l'union des peuples forme le genre humain ou la famille universelle que nous devons travailler sans cesse à constituer, pour que la somme des maux dont l'égoïsme est la source impure diminue aussi sans cesse, et que celle des biens répandus par la Providence le long de notre route ici-bas augmente en même proportion.

Voyez sur les bords de la mer un arbre isolé. Sans force contre les vents qui courbent sa tige, abaissent et brisent ses branches à mesure qu'elles croissent, il se dessèche et meurt bientôt. Ainsi en est-il de l'homme sur la terre. Il ne suffit pas que l'eau des nuées humecte ses racines, il faut encore qu'il trouve un abri, et que ses rameaux, en s'élevant, s'appuient sur d'autres rameaux.

Quelle que soit l'origine d'une association humaine, chacun de ses membres y apporte avec soi son droit tel que nous l'avons expliqué, et l'y conserve immuablement; car le droit, je le répète, ne peut ni se perdre ni s'aliéner; et l'ensemble de ces droits égaux, et les mêmes pour tous forme le droit du peuple, le droit social; car le peuple, c'est la société, qui ne subsiste que par lui, et n'existerait pas un seul instant sans lui.

Le peuple a donc, comme l'individu, le droit de vivre, le droit de se conserver et de se développer librement. Toute atteinte portée à ce droit est une violation des lois du Créateur; et plus cette violation est profonde, plus les maux qu'elle engendre sont profonds aussi.

Et maintenant, ô peuple! dis-moi ce qu'est devenu ton droit en ce monde? dis-moi ce que fut jadis, ce qu'est encore ta pauvre vie si chargée de labeur?

Esclave autrefois, puis serf durant de longs âges, toujours opprimé, exploité toujours, semblable au pré qu'on fauche au printemps et qu'on livre encore à une dent avide en automne, quel fruit as-tu retiré de ce qu'on a par moquerie appelé ton affranchissement?

Pourquoi te traînes-tu avec tant de douleur sur cette terre, donnée en héritage à tous les hommes indistinctement, et que tous ils devraient parcourir en dominateurs?

Pourquoi, au milieu des productions qu'elle offre de soi-même et que multiplie ton travail, gémis-tu si souvent dans l'angoisse de la faim?

Pourquoi n'as-tu d'abri ni contre les vents glacés de l'hiver, ni contre les feux du soleil dans la saison brûlante?

Pourquoi manques-tu et de vêtements pour recouvrir tes membres exténués, et d'un linceul pour les envelopper lorsqu'on les jette dans la fosse commune, où ils se reposent pour la première fois?

Lorsque la pluie descend des nuées, elle rafraîchit et désaltère la plus humble plante cachée en un coin de la vallée, comme l'arbre qui, sur la montagne, étend au loin ses fortes branches et dresse sa tête altière.

Pourquoi, inquiet du jour présent, inquiet du lendemain, les joies de la famille se changent-elles pour toi en amers soucis? Pourquoi, à la table où le commun père veut que s'asseyent tous ses enfants, ta coupe ne se remplit-elle que d'un vin troublé?

Pourquoi, absorbé dès le premier âge dans les travaux du corps, ne recueilles-tu qu'avec tant de peine quelques faibles rayons de la lumière dont se nourrit l'esprit? Pourquoi l'astre de la science ne se lève-t-il point sur l'horizon du monde ténébreux où l'on t'a relégué?

Notre vie sur la terre ne saurait sans doute être exempte de douleurs. Le besoin, la souffrance même, en excitant notre activité, sont une condition du progrès commun. Sans doute encore, égaux en droits, les hommes ne possèdent point de facultés égales, ne naissent pas tous en des circonstances également favorables à leur développement; et cette inégalité d'où résultent, avec des inclinations différentes, des aptitudes particulières aux diverses fonctions qu'implique l'existence de la société, contribue au bien général.

Mais ce bien, tous doivent y participer, et il n'est même le bien général que parce qu'il est le bien du plus grand nombre, le bien du peuple, et non de quelques individus, ou de quelques classes seulement. Qu'un homme en effet regorgeât de richesses, tous les autres restant pauvres, appellerait-on sa richesse la richesse générale?

Or, presque partout la jouissance des biens naturellement destinés à tous a été le partage exclusif de quelques-uns, qui, tenant le peuple sous leur sujétion, et oubliant à son égard les sentiments que les frères doivent aux frères, l'ont traité comme des animaux que, le jour, on attelle à la charrue, et à qui on jette le soir une poignée de paille à l'étable.

Et ils ont pu le traiter ainsi, ils ont pu le maintenir dans la servitude, et l'ignorance, et la misère, et l'abaissement, parce que, maîtres de la société et l'organisant à leur gré, dans l'unique vue de leur intérêt propre, ils ont ôté au peuple les moyens de défendre les siens, en le dépouillant de ses droits politiques, en lui interdisant toute espèce de concours dans la confection des lois, dans la gestion des affaires communes, et en le réduisant à une simple obéissance passive.

Des maux qui sont dans le monde, une grande partie vient de là ; et point de soulagement à y espérer aussi longtemps que subsistera cette inique violation de l'égalité naturelle.

VII

Peuple, écoute ce qu'ils t'ont dit, et à quoi ils t'ont comparé.

Ils ont dit que tu étais un troupeau et qu'ils en étaient les pasteurs : toi, la brute; eux, l'homme. A eux donc ta toison, ton lait, ta chair. Pais sous leur houlette et multiplie, pour réchauffer leurs membres, étancher leur soif, assouvir leur faim.

Ils ont dit aussi que la puissance royale était celle d'un père sur ses enfants toujours mineurs, toujours en tutelle. Sans liberté dès lors et sans propriété, le peuple, éternellement incapable de juger de ce qui lui est bon ou mauvais, utile ou nuisible, vit dans une dépendance absolue du prince, qui dispose de lui et de toutes choses comme il lui plaît. Servitude encore et misère.

Quelques-uns ne reconnaissent que la force pour arbitre de la société ; au plus fort le pouvoir, au plus fort le droit. Pauvre peuple, on te foule, on t'opprime ; c'est le sort du faible : de quoi te plains-tu? Dans ta candide simplicité, tu demandes à la tyrannie ses titres : est-ce que partout tu ne les vois pas? est-ce que tu ne vois pas ces baïonnettes qui reluisent au soleil et ces canons braqués sur les places publiques?

D'autres ont imaginé que le pouvoir appartenait de droit à quelques races d'une nature plus parfaite, ou que Dieu le conférait immédiatement soit à des individus choisis pour certaines fins particulières, soit à des familles destinées à le posséder perpétuellement. Perpétuellement donc le peuple leur devrait une obéissance entière, aveugle. Car la volonté du chef établi de Dieu, étant, à l'égard des sujets, la volonté de Dieu même, serait toujours présumée juste; et, en tous cas, aucun abus, aucun excès, ni les crimes même les plus énormes, n'autoriseraient à secouer le joug de sa puissance oppressive.

Ils ont appelé cela le *droit divin*.

Peuple, ferme l'oreille à ces mensonges. Laisse l'impie blasphémer le Père du genre humain, et apprends à connaître ses lois véritables, à connaître ton droit pour le conquérir.

Tous les hommes naissent égaux et par conséquent indépendants les uns des autres; nul, en venant au monde, n'apporte avec soi le droit de commander. Si chacun originairement était tenu d'obéir à la volonté d'un autre, il n'existerait point de liberté morale ou de choix libre dans les actes, il n'existerait ni crime ni vertu, car la vertu dépend du libre choix entre le bien et le mal.

Or l'indépendance personnelle et la souveraineté ne sont qu'une même chose, et ce qui fait que l'homme est libre à l'égard de l'homme ou souverain de lui-même, est ce qui fait de lui un être moral, responsable envers Dieu, capable de vertu. Sublime attribut de l'intelligence, la souveraineté de soi, ou la liberté forme le caractère essentiel qui le distingue de la brute, soumise à la fatalité et emportée par elle dans la sphère de son existence aveugle, comme les corps célestes dans leurs orbites rigoureusement déterminées.

Aucun homme ne peut aliéner sa souveraineté, parce qu'il ne peut abdiquer sa nature ou cesser d'être homme ; et de la souveraineté de chaque individu naît dans la société la souveraineté collective de tous ou la souveraineté du peuple, également inaliénable.

Lorsque la sympathie rapproche les hommes et que l'utilité réciproque établit entre eux une association de secours mutuels et de travail commun, de qui dépendrait cette association, si ce n'est uniquement d'elle-même ?

Tous y apportent des droits égaux, avec des facultés inégales et des aptitudes diverses. Leurs relations, fondées sur l'invincible instinct qui les pousse à s'unir et sur les avantages de cette union, dépendent de leur libre consentement et des règles qu'ils s'imposent eux-mêmes.

Nul ne saurait être engagé contre sa volonté, et quand la volonté commune de s'unir à certaines conditions a créé le peuple, la volonté du peuple, ou la volonté générale de la société, en ce qui ne blesse point l'ordre moral essentiel et immuable, ou la justice et la charité, constitue la loi. Ainsi, loin de détruire ou d'altérer la liberté primitive, la loi n'est que l'exercice même de cette liberté, dirigé vers une fin utile à tous par la raison de tous.

Que si un ou quelques-uns tentaient de substituer leur volonté particulière à la volonté commune, leurs prescriptions, quelles qu'elles fussent, ne seraient pas des lois, mais une violation du principe même de la loi, un acte illégitime et subversif de toute vraie société.

Quand donc, renversant la base naturelle de l'égalité dans l'organisation de l'Etat, on investit exclusivement certaines classes privilégiées de l'autorité législative, qu'on en fait une attribution de la naissance ou de la richesse, il y a désordre et tyrannie, car l'association véritable est changée en domination. Les uns commandent, et pourquoi? les autres obéissent, et pourquoi? Qui a soumis ceux-ci à ceux-là? qui a dit à des frères : Vos frères se courberont sous votre main, soyez leurs maîtres et disposez d'eux et de ce qui est à eux, de leur travail et du produit de leur travail comme il vous plaira?

Toute loi à laquelle le peuple n'a point concouru, qui n'émane point de lui, est nulle de soi.

On vous parle du souverain, du prince, des pouvoirs publics : on vous abuse avec es mots. Je vous l'ai déjà dit, le souve-'n, c'est vous, c'est le peuple essentiellement libre. Le pouvoir, qu'il soit exercé par un ou plusieurs, dérive de lui. Simple exécuteur de la loi ou de la volonté du peuple, il n'a point d'autres fonctions. Il est choisi, délégué uniquement pour cela, non pour commander, mais pour obéir : et s'il cesse d'obéir au peuple, le peuple le révoque comme un mandataire infidèle, voilà tout.

Il faut encore que vous sachiez ceci. lorsque l'excès de la souffrance vous inspire la résolution de recouvrer les droits dont vos oppresseurs vous ont dépouillés, ils vous accusent de troubler l'ordre, ils vous traitent de rebelles. Rebelles à qui? Il n'y a de rébellion possible que contre le véritable souverain, contre le peuple, et comment le peuple serait-il rebelle au peuple? Les rebelles, ce sont ceux qui se créent à ses dépens des privilèges iniques; qui, de ruse ou de force, parviennent à le soumettre à leur domination; et, quand il brise cette domination, il ne trouble pas l'ordre, il le rétablit, il accomplit l'œuvre de Dieu et sa volonté toujours juste.

VIII

Vous qui portez le poids du jour, hommes de labeur et de douleur, pauvres déshérités de cette terre si féconde et si belle, pourquoi, quand tout dans la nature se réveille et sourit au matin, que les petits oiseaux, secouant leurs ailes humides de rosée, gazouillent sur la branche l'hymne de joie, que les insectes murmurent dans l'herbe, pourquoi cette tristesse dans votre regard, ce silence sur vos lèvres? Pourquoi la douce lumière qui s'épanche de l'orient, lorsqu'il s'ouvre comme une fleur céleste, ne dissipe-t-elle jamais les ténèbres de votre front?

L'abeille a sa ruche pour s'y retirer, et vous n'avez point d'asile qui soit à vous; la mite a son vêtement de soie qui la protége contre la froidure, et vos membres sont nus; le plus chétif vermisseau trouve sur sa plante natale un abri et la nourriture, et vous manquez de l'un et de l'autre.

Ce n'est point que la Providence ait été plus dure envers vous, mais ce que Dieu vous donne, les hommes vous l'ôtent. Que vous a-t-on laissé de ce qu'il prodigue à tous? Même une goutte d'eau de la mer, on vous défend de la prendre : elle est au fisc, elle n'est pas à vous.

Vos maux, encore un coup, viennent des vices de la société, détournée de sa fin naturelle par l'égoïsme de quelques-uns, et jamais vous ne serez mieux tant que ceux-ci feront seuls les lois. Si vous aviez quelque chose à attendre d'eux, s'ils ne désiraient et ne cherchaient, selon la justice, que le plus grand bien de tous, s'élèveraient-ils au-dessus de tous? Se réserveraient-ils si exclusivement l'administration des affaires de tous? Est-ce par zèle pour vos intérêts qu'ils vous en interdisent le soin? est-ce pour eux ou pour vous, pour votre avantage ou pour le leur qu'ils réclament la domination? Si pour le leur, à quel titre, et d'où ce privilége? si pour le vôtre, ils vous jugent donc incapables de discerner vous-mêmes ce qui vous est bon ou mauvais; vous êtes donc des brutes, suivant eux!

Nous sommes tous enfants du même père, qui est Dieu, et le Père commun n'a point asservi les frères aux frères; il n'a point dit à l'un : Commande, et à l'autre : Obéis.

Ils se doivent mutuellement aide et secours, et justice, et charité, rien de plus, et la société, que les passions insensées et désordonnées, que l'orgueil et la convoitise ont rendue si pesante à la race humaine presque entière, n'est dans son essence et ne doit être de fait que l'union des forces et des volontés pour atteindre plus sûrement le but de l'existence, que l'organisation de la fraternité.

Y avait-il des rois, des nobles, des patriciens et des plébéiens avant qu'il y eût des peuples? Et si le peuple égal et libre préexistait à toute distinction, toute distinction, si elle n'est pas le fruit de la violence et du brigandage, dérive donc du peuple, de sa volonté indépendante, de son impérissable souveraineté. Hors de là, rien de légitime Patriciat, noblesse, royauté, toute prérogative, en un mot, qui ne prétend relever que de soi, se soustraire à la volonté, à la souveraineté du peuple, est un attentat contre la société, une usurpation révolutionnaire, un germe au moins de tyrannie.

Le peuple ne fait point de classes, il ne crée point de priviléges, il délègue des fonctions ; il confie tel soin à celui-ci, tel autre soin à celui-là ; il les charge d'exécuter ses décisions, ce qu'il a réglé pour le bien commun selon les formes établies par lui, et qu'il peut toujours modifier, changer.

Hypocrites, qui vous dites chrétiens, ouvrez la loi chrétienne, vous y lirez : « Les princes des nations dominent sur elles ; et ceux-là sont plus grands qui exercent sur elles la puissance. Il n'en sera pas ainsi entre vous ; mais que celui de vous qui voudra être le plus grand serve les autres, et que celui qui voudra être le premier parmi vous soit le serviteur de tous. »

Donc, à qui que ce soit qui osera se dire votre maître, répondez : Non. Ne vous laissez ni opprimer par les hommes de violence, ni tromper par ceux qui vous prêchent la servitude au nom de Dieu, qui s'efforcent de vous plonger dans l'abrutissement de l'ignorance, et disent ensuite : Le peuple manque de lumières et de raison ; il ne saurait se conduire lui-même ; il faut, pour son intérêt, qu'il soit gouverné.

Votre droit, au contraire, est que nul ne vous gouverne, ne vous impose des lois à son gré ; qu'elles émanent de vous seuls ; que le dépositaire du pouvoir public exerce un simple office révocable ; qu'il soit votre *serviteur*, et rien de plus.

Quand vous aurez reconquis votre droit, si vous en usez avec sagesse, le monde changera de face : il y aura moins de larmes, et les larmes seront moins amères. Peu à peu, le contraste de l'opulence extrême et de l'extrême indigence cessera d'affliger l'humanité. La faim hâve et morne ne s'assiéra plus à votre foyer. Tous auront l'aliment du corps et celui de l'esprit. Partagés comme ils le doivent être entre des frères, les biens que la Providence nous a départis se multiplieront par le partage même. Les enfants ne demanderont plus en pleurant à leur père, lorsqu'il rentre le soir exténué de fatigue, le pain qui leur manque : ils n'élèveront plus leurs petites mains innocentes au ciel que pour le bénir de ses dons. Le sourire renaîtra sur les lèvres maternelles ; et le vieillard rassasié de jours, en voyant vers l'automne le soleil, à demi voilé par les nuages du couchant, dorer de ses derniers rayons les feuilles jaunissantes et l'herbe flétrie, se réjouira dans le pressentiment intime et mystérieux d'un nouveau printemps et d'une aurore nouvelle.

IX

Il ne suffit pas de connaître vos droits, il faut aussi connaître vos devoirs ; car la pratique du devoir n'est pas moins nécessaire que la jouissance du droit au maintien de l'ordre voulu de Dieu, et hors duquel vous n'avez rien à espérer sur la terre.

Le droit est la garantie de votre existence individuelle et de votre liberté ; il est votre liberté même ; il fait que vous êtes une personne et non une pure chose dont le premier venu est maître d'user à sa fantaisie.

Mais est-ce tout que d'exister ? est-ce tout que d'être libre ? Rien ne subsiste isolément dans l'univers, ne s'appuie sur soi, ne se nourrit de soi. On donne pour recevoir, on reçoit pour donner, et la vie tarirait de toute part sans ce don mutuel et incessant de tous à chacun et de chacun à tous.

Qui pourrait se passer entièrement de l'aide et du secours d'autrui? Nous en avons besoin dans l'enfance, nous en avons besoin dans la maladie, nous en avons besoin en tout et toujours. Représentez-vous un homme seul, sans relations avec ses semblables, n'en recevant rien, ne leur rendant rien ; ce serait le sauvage au milieu des bois ; ce serait bien moins que le sauvage, car le sauvage vit en famille, en société ; ce serait bien moins que l'animal, qui a sa femelle et ses petits dont il prend soin, et, souvent encore, est associé, soit pour la défense réciproque, soit pour un travail commun, avec des individus de même espèce. L'homme isolé des autres hommes, dépourvu dès lors et de langage, et d'intelligence, et d'amour, serait, au sein de la création, une sorte de monstre sans origine, sans lien, sans nom, un je ne sais quoi indéfinissable qu'on regarderait avec effroi.

Or, si la sympathie, l'instinct, rapprochent les animaux selon leurs lois propres, le devoir coordonne et unit les créatures libres. Il est la base de la société, l'indispensable condition de l'existence commune.

Le droit concentre chacun en soi, car, ayant pour but immédiat la conservation de l'individu, tout droit, par son essence, est individuel : et le peuple, sous ce rapport, n'est qu'un individu collectif. Réclamer un droit, c'est demander quelque chose pour soi. Le pur droit, séparé du devoir, serait l'égoïsme pur, et par conséquent, selon le vieil axiome, la suprême injustice. Qu'est-ce, en effet, que l'injustice, sinon la préférence absolue de soi aux autres ou le sacrifice des autres à soi ? Commettre un meurtre, un vol, un délit quelconque, ce n'est que cela : c'est sacrifier autrui à sa passion, à sa convoitise, à son intérêt exclusivement individuel.

Le devoir, au contraire, porte chacun au dehors de soi ; car il a pour but la conservation, le bien de tous.

Accomplir un devoir, c'est faire quelque chose d'utile à autrui. Le devoir pur est le pur dévouement, ou la justice et l'amour suprême. Qu'est-ce en effet que la justice, et qu'est-ce que l'amour, sinon la préférence des autres à soi, ou le sacrifice de soi aux autres ?

Le droit est sacré, puisqu'il est le principe conservateur de l'individu, élément primitif de la société et sa racine nécessaire.

Le devoir est sacré, puisqu'il est le principe conservateur de la société, hors de laquelle nul individu ne se développerait ni ne subsisterait.

Oh ! que la terre serait heureuse, et que le genre humain avancerait rapidement dans la voie où il ne doit s'arrêter jamais, si le droit était respecté toujours et le devoir toujours accompli !

Cet ordre merveilleux, ces belles et touchantes harmonies qui nous ravissent dans la nature, d'où viennent-elles ? De ce que tout y est à sa place et s'y maintient invariablement. Chaque être obéissant avec une ponctuelle régularité aux lois générales et à ses lois particulières, remplit fidèlement la fonction que lui assigna le Créateur. Du soleil, d'où s'épandent d'intarissables fleuves de lumiere et de vie, jusqu'à la source qui tombe goutte à goutte du rocher, tout est ordonné pour une même fin, et tout y concourt par une infinie variété de voies, que la pensée admire d'autant plus qu'elle les contemple davantage. Il n'est pas dans l'univers une action, un mouvement qui, de proche en proche, ne coopère à la croissance d'une mousse, et les mondes, après avoir parcouru comme elle les phases de leur développement, se décomposent comme elle, nourriture préparée pour d'autres mondes.

Nulle créature dont l'existence ne dépende des autres créatures. Il faut, pour qu'elles subsistent, qu'incessamment il s'opère entre elles une transfusion de leur être. Qu'est-ce que vivre? Recevoir. Qu'est-ce que mourir? Donner. La vie, dans sa condition première, est un sacrifice, une communion perpétuelle et universelle.

Ce que les corps bruts, les plantes, les animaux sans raison, et soumis dès lors à la nécessité, font aveuglément, par une impulsion fatale et irrésistible, l'homme doit le faire librement; il doit, se subordonnant au tout dont il est membre, aimer ses frères comme il s'aime lui-même, vouloir leur bien comme il veut son bien, se réjouir de leurs joies, s'affliger de leurs peines, les aider, les servir, s'identifier à eux, se dévouer pour eux, et travailler ainsi, par une union sans cesse croissante et des individus et des peuples, à consommer l'unité sainte du genre humain.

X

Le devoir s'étend à tous les êtres, car tous ont leur place dans l'univers, tous y remplissent, selon les vues de la Sagesse suprême. des fonctions qu'elle défend de troubler; tous jouissent du don divin et ont droit d'en jouir. En détruire un seul par pur caprice, ou lui infliger d'inutiles souffrances, est un acte mauvais, un acte opposé aux lois de l'ordre.

Respectez Dieu dans ses moindres œuvres, et que votre amour embrasse, comme le sien, tout ce qui respire et vit.

Si, en douant l'homme d'intelligence, il a fait de lui le roi de la nature, il n'a pas voulu qu'il en fût le tyran. Son œil, à qui rien n'échappe, a aussi un regard de père pour le pauvre passereau qui palpite sous votre main.

Nulle société possible sans le devoir, car sans lui nul lien entre les hommes. Il comprend, comme vous l'avez vu, la justice et la charité.

Ne pas faire à autrui ce que nous ne voudrions pas qu'autrui nous fît, voilà la justice.

Faire pour autrui, en toute rencontre, ce que nous voudrions qu'il fît pour nous, voilà la charité.

Un homme vivait de son labeur, lui, sa femme et ses petits enfants; et comme il avait une bonne santé, des bras robustes, et qu'il trouvait aisément à s'employer, il pouvait sans trop de peine pourvoir à sa subsistance et à celle des siens.

Mais il arriva qu'une grande gêne étant

survenue dans le pays, le travail y fut moins demandé, parce qu'il n'offrait plus de bénéfices à ceux qui le payaient, et en même temps le prix des choses nécessaires à la vie augmenta.

L'homme de labeur et sa famille commencèrent donc à souffrir beaucoup. Après avoir bientôt épuisé ses modiques épargnes, il lui fallut vendre pièce à pièce ses meubles d'abord, puis quelques-uns même de ses vêtements ; et quand il se fut ainsi dépouillé, il demeura privé de toutes ressources, face à face avec la faim. Et la faim n'était pas entrée seule en son logis : la maladie y était aussi entrée avec elle.

Or, cet homme avait deux voisins, l'un plus riche, l'autre moins.

Il s'en alla trouver le premier et il lui dit : « Nous manquons de tout, moi, ma femme et mes enfants : ayez pitié de nous. »

Le riche lui répondit : « Que puis-je à cela ? Quand vous avez travaillé pour moi, vous ai-je retenu votre salaire, ou en ai-je différé le payement ? Jamais je ne fis aucun tort ni à vous ni à aucun autre : mes mains sont pures de toute iniquité. Votre misère m'afflige, mais chacun doit songer à soi dans ces temps mauvais : qui sait combien ils dureront ? »

Le pauvre père se tut, et, le cœur plein d'angoisse, il s'en retournait lentement chez lui, lorsqu'il rencontra l'autre voisin moins riche.

Celui-ci, le voyant pensif et triste, lui dit : « Qu'avez-vous? il y a des soucis sur votre front et des larmes dans vos yeux? »

Et le père, d'une voix altérée, lui exposa son infortune.

Quand il eut achevé : « Pourquoi lui dit l'autre, vous désoler de la sorte? Ne sommes-nous pas frères! Et comment pourrais-je délaisser mon frère en sa détresse? Venez, et nous partagerons ce que je tiens de la bonté de Dieu. »

La famille qui souffrait fut ainsi soulagée, jusqu'à ce qu'elle pût elle-même pourvoir à ses besoins.

Plusieurs années passèrent après lesquelles les deux riches comparurent devant le Juge souverain des actions humaines.

Et le Juge dit au premier : « Mon œil t'a suivi sur la terre : tu t'es abstenu de nuire à autrui, de violer son droit ; tu as accompli rigoureusement la loi stricte de la justice ; mais, en l'accomplissant, tu n'as vécu que pour toi ; ton âme sèche et dure n'a point compris la loi de l'amour. Et maintenant, dans ce monde nouveau où tu entres pauvre et nu, il te sera fait comme tu as fait aux autres. Tu as réservé pour toi seul les biens qui t'avaient été départis ; tu n'en as rien donné à tes frères : il ne te sera rien donné non plus. Tu n'as songé qu'à toi, tu n'as aimé que toi : va, et vis de toi-même. »

Et, se tournant vers le second, le Juge lui dit : « Parce que tu n'as point été seulement juste, et que la charité pénétra ton cœur, parce que ta main s'ouvrit pour répandre sur tes frères moins heureux les biens dont tu étais dépositaire, et qu'elle essuya les larmes de ceux qui pleuraient, de plus grands biens te seront donnés. Va, et reçois la récompense de celui qui a pleinement accompli le devoir, la loi de justice et la loi d'amour. »

XI

Il est des devoirs de plusieurs sortes, des devoirs généraux et particuliers. Ceux-là forment le lien universel des hommes; ceux-ci dérivent des relations diverses qu'établissent entre eux la nature et la société.

Interrogez partout la raison qu'aucun préjugé n'altère, et la conscience qu'aucun intérêt, aucune passion n'a corrompue; elles vous répondront que l'homme est sacré pour l'homme; que l'attaquer dans sa personne, sa liberté, sa propriété, c'est renverser la base de l'ordre, violer les lois morales, conservatrices du genre humain; c'est commettre un de ces actes qui, dans tous les siècles, chez tous les peuples, ont reçu le nom terrible de CRIME.

Il y a une voix au dehors de vous, immuable, éternelle, et une autre voix au dedans de vous-même; et ces deux voix vous disent :

Tu ne tueras point, tu ne déroberas point, tu ne flétriras point la vertu de l'épouse ni la pudeur de la jeune vierge; ta pensée même sera pure de ces abominations.

Celui qui verse le sang de son frère est maudit sur la terre et maudit au ciel.

Et maudit encore est celui qui, par ruse ou violence, lui ravit, soit la liberté, soit une portion quelconque de ce qu'il possède légitimement; qui porte dans sa famille le désordre, avec tous les maux que le désordre engendre, la honte, la discorde, les angoisses du cœur, la défiance, la haine, et la ruine souvent.

Les plantes des champs étendent l'une près de l'autre leurs racines dans le sol qui les nourrit toutes, et toutes y croissent en paix. Aucune d'elles n'absorbe la séve d'une autre, ne flétrit sa fleur, n'en corrompt le parfum. Pourquoi l'homme est-il moins bon envers l'homme?

Bannissez de votre cœur les désirs mauvais et les pensées mauvaises ; car se complaire dans la pensée et dans le désir du mal, c'est déjà avoir accompli le mal.

Il y a des paroles qui tuent ; veillez donc sur votre langue, et que jamais elle ne soit souillée par la médisance et la calomnie.

L'envie, la colère, la vengeance, la haine, dévorent l'âme qui les recèle, et cette âme tourmentée est perpétuellement comme en travail pour enfanter le meurtre.

Vous a-t-on offensé, pardonnez pour qu'on vous pardonne. Qui n'a besoin de pardon? et qui peut se dire : nul ne saurait équitablement se plaindre de moi?

Ne marchez point en des voies tortueuses, et que votre parole soit toujours vraie; que jamais elle n'alarme l'oreille pudique ni ne blesse le respect que l'homme doit à l'homme et se doit à lui-même.

Il se doit encore d'éviter tout ce qui le dégrade et l'avilit en le rapprochant de la brute : tous les excès des sens, des habitudes funestes qui usent le corps, hébètent l'esprit, et font qu'en le voyant, ne reconnaissant plus la créature intelligente, on détourne de lui les yeux avec dégoût.

En nous sont deux êtres, l'animal et l'ange, et notre travail est de combattre l'un pour que l'autre domine seul, jusqu'au moment où, dégagé de son enveloppe pesante, il prendra son essor vers de meilleures et plus hautes régions.

Ainsi faisant, vous ne nuirez à personne, vous serez justes ; mais d'autres devoirs encore, de grands et sacrés devoirs vous resteront à remplir.

Est-ce que celui qui s'est simplement abstenu du mal, qui n'a fait au prochain aucun tort, aucun bien non plus, est quitte envers lui et parfait devant Dieu ? En déposant au fond de notre cœur le germe de l'amour et de la pitié, de tous les sentimets sympathiques, le Père céleste ne nous a-t-il pas commandé d'autres vertus et plus élevées et plus fécondes !

Voyez cette pauvre créature humaine gisant au coin de la rue, dans la défaillance du besoin, ou qu'un accident vient d'atteindre. Un homme la regarde, la plaint, et passe. Suis-je cause, se dit-il, qu'elle soit en cet état, et qui m'a chargé d'elle ? C'est bien assez d'avoir à songer à soi. Un autre la regarde aussi, et son âme s'émeut. Il s'approche, la prend dans ses bras, la porte en sa maison, la couche sur son lit, et la veille et la soigne comme le frère soigne son frère et l'ami son ami.

De ces deux hommes, lequel a vraiment accompli le devoir?

Toujours il y aura des maux sur la terre,

et ces maux devront être soulagés toujours.

Votre frère a-t-il faim : vous lui devez l'aliment qui lui manque; est-il nu, sans toit, sans asile : vous lui devez le vêtement et l'abri; malade, vous lui devez assistance. Il est votre chair, car vous êtes tous les membres d'un même corps que doit animer une même âme : traitez-le donc comme votre propre chair.

Il est bien des sortes de faiblesse et bien des genres de dénûment; et toute faiblesse réclame protection, tout dénûment secours. Que serait sans cela, je vous le demande, la société humaine? Que serait le monde? Que deviendraient ceux que l'infirmité, la pauvreté, l'isolement, l'âge, la simplicité d'esprit, l'ignorance, livrent comme une facile proie aux piéges du méchant?

Repoussez l'injustice faite à autrui avec la même fermeté, la même constance que si elle l'était à vous-même, étendez votre main entre l'oppresseur et l'opprimé. Votre frère c'est vous, et quand on l'opprime n'êtes-vous pas opprimé aussi?

Que l'orphelin trouve en vous un père, la veuve et le vieillard un appui, l'étranger un hôte secourable; soyez l'œil de l'aveugle et le pied du boiteux.

Ayez pour les affligés de ces paroles

de l'âme qui tempèrent l'amertume les pleurs. Il n'est point de souffrances que la sympathie n'allége. Les tristesses de la vie se dissipent aux rayons de l'amour fraternel, comme les gelées d'automne fondent le matin quand le soleil se lève.

Qui donne à propos un bon conseil, un sage avertissement, une instruction utile, donne plus que s'il donnait de l'or ; et communiquer ce qu'on sait, répandre la science, c'est semer le grain qui nourrira les générations successives.

Ne croyez jamais trop faire pour gagner la paix : la paix, fondement de tout bien, en est aussi le couronnement. Supportez les autres pour qu'ils vous supportent. N'avons-nous pas tous nos faiblesses, nos défauts, nos moments fâcheux ? la patience émousse peu à peu les aspérités les plus rudes : que rien donc ne l'épuise en vous, ni les mots irritants, ni les vivacités provocantes. Soyez comme la vigne, dont le suc est d'autant plus doux qu'elle croît en une terre pierreuse.

Respecter la vie, la liberté, la propriété d'autrui ;

Aider autrui à conserver et à développer sa vie, sa liberté, sa propriété ;

Ces deux préceptes contiennent en substance les devoirs de justice et de charité. Le detail en serait infini, car ils embrassont toutes les pensées, tous les sentiments, toutes les actions de l'homme, et un seul précepte les résume tous, le divin précepte de l'amour. Aimez, et faites ce que vous voudrez, car vous ne voudrez rien que de juste et de bon. Aimez, dit le souverain Maître et vous accomplirez parfaitement la loi.

XII

Outre les devoirs généraux, il en existe de particuliers, et premièrement les devoirs de famille.

La famille, permanente comme la société, en est l'élément primitif. Les relations qui la constituent, antérieures aux lois positives, dérivent directement de la nature même. Un être incapable de se reproduire est un être incomplet : la femme est donc le complément de l'homme. Ils s'appellent, se supposent l'un l'autre, ne forment en deux corps qu'une même unité, et les enfants qui procèdent d'eux ne sont en réalité qu'un prolongement, une continuation de leur être commun ; ils revivent en eux, comme on le dit, et, par les générations successives, se perpétuent indéfiniment.

Ainsi, le mariage n'est point une institution arbitraire, il est l'union physique et morale d'un seul homme avec une seule femme, qui se complètent l'un l'autre en s'unissant, et toute atteinte portée au mariage, à son unité, à sa sainteté, est une violation des lois naturelles, une révolte insensée contre le Créateur, une source de désordres et de maux sans nombre.

Plus d'une fois, on a vu se répandre dans le monde d'abjectes et licencieuses doctrines, destructives du lien conjugal. Repoussez avec horreur et dégoût ces hideux enseignements de quelques esprits dépravés, qui voudraient ravaler l'homme au niveau de la brute, et même au-dessous de la brute, car en plusieurs espèces d'animaux on aperçoit déjà comme une faible ombre de ce qui devient, en s'élevant, l'union sainte d'où dépend la perpétuité du genre humain.

N'ayez point à rougir devant la colombe fidèle et pudique, et ne dégradez point le sacré caractère imprimé sur votre front par le doigt de Dieu.

Entre l'homme et la femme, l'époux et l'épouse, les droits sont égaux, les aptitudes et les fonctions diverses.

La femme n'est point la servante de l'homme, encore moins son esclave; elle est sa compagne, son aide, les os de ses os, la chair de sa chair. A mesure que le sens moral se développe chez un peuple, elle croît en dignité et en liberté, en cette sorte de liberté qui n'est point l'exemption du devoir et de la règle, mais l'affranchissement de toute dépendance servile.

Mari, vous devez à votre femme respect, amour et protection; femme, vous devez à votre mari déférence, amour et respect. En lui donnant la force, Dieu l'a chargé des plus rudes travaux; en vous donnant la grâce, et la tendresse, et la douceur, il vous a départi ce qui en allége le poids, et fait du labeur même une intarissable source de joies pures.

Lorsque votre main essuie son visage mouillé de sueur, toutes ses fatigues ne sont-elles pas à l'instant oubliées? Lorsque son âme est triste et sa pensée soucieuse, une de vos paroles, un de vos regards, ne ramène-t-il pas le calme en son cœur et le sourire sur ses lèvres?

L'homme seul est un roseau dont les souffles divers qui l'agitent ne tirent que des sons plaintifs.

La nature pour vous est pleine d'enseignements : ouvrez les yeux, et les plus frêles créatures vous instruiront. Quand les flots, tourmentés par les vents d'hiver, écument et grondent, le pauvre oiseau de mer et sa compagne, réfugiés au creux d'un rocher, se pressent l'un contre l'autre, et s'abritent, et se réchauffent mutuellement. Il y a bien des tempêtes dans la vie: prenez exemple sur l'oiseau de mer, et vous ne craindrez ni les vents glacés ni les vagues qu'ils soulèvent.

Mais la fin du mariage n'est pas seulement de rendre aux époux la vie plus facile et plus douce : son but principal est de perpétuer, par la reproduction des individus, la grande famille humaine.

Pères, mères, qui de vous pourrait exprimer l'inénarrable joie dont vous tressaillîtes lorsque, pressant sur votre sein le premier fruit de votre amour, vous vous sentîtes renaître en lui ?

De nouveaux devoirs viennent à ce moment se joindre aux devoirs primitifs destinés à unir l'époux à l'épouse. Autrement que deviendraient les faibles créatures qui tiennent d'eux l'existence? La mère leur doit son lait et les soins assidus et le dévouement infatigable d'où dépend leur conservation dans les premières années. Le père leur doit, avec sa tendresse et sa protection vigilante, le pain et le vêtement; il doit pourvoir à tous leurs besoins jusqu'à ce qu'ils puissent y pourvoir eux-mêmes.

Or, comment y pourvoira-t-il s'il s'abandonne à l'oisiveté, ou si, dominé par ses convoitises, il dissipe pour les satisfaire le produit journalier de son travail?

Celui que l'habitude et la passion entraînent à de pareils désordres, qu'est-il sinon le meurtrier des siens? Savez-vous ce qu'il boit dans ce verre qui vacille en sa main tremblante d'ivresse? Il boit les larmes, le sang, la vie de sa femme et de ses enfants.

Les animaux s'oublient eux-mêmes pour ne songer qu'à leurs petits : voudriez-vous descendre dans l'abrutissement plus bas que les bêtes des forêts?

Quand vos enfants auront reçu de vous la nourriture du corps, ne croyez pas avoir rempli tous vos devoirs envers eux. Vous avez à en faire des hommes; et qu'est-ce que l'homme, si ce n'est un être moral et intelligent? Qu'ils apprennent donc de vous à discerner le bien du mal, à aimer l'un et à l'accomplir, à fuir l'autre et à le détester.

Reprenez-les de leurs fautes, mais sans colère ni sans violence brutale, avec une fermeté affectueuse et calme. Qu'ils ne trouvent, par vos soins, qu'amertume sur la route du vice.

Cultivez dès le plus jeune âge et développez en eux les instincts élevés de notre nature, sur lesquels se fonde l'existence sociale, le sentiment de la justice et de l'ordre, de la commisération et de la charité.

L'enseignement donné sur les genoux d'une mère et les leçons paternelles, confondus avec les souvenirs pieux et doux du foyer domestique, ne s'effacent jamais de l'âme entièrement.

Et ne vous figurez pas que des discours soient tout : les discours ne sont rien sans l'exemple. Quels que soient vos conseils et vos exhortations, ils demeureront stériles si vos œuvres n'y répondent.

Vos enfants seront tels que vous, corrompus ou vertueux, selon que vous serez vous-mêmes vertueux ou corrompus.

Comment seraient-ils probes, compatissants, humains, si vous manquez de probité, si vous êtes sans entrailles pour vos frères? Comment réprimeraient-ils leurs appétits grossiers s'ils vous voient livrés à l'intempérance? Comment conserveraient-ils leur innocence native si vous ne craignez point de blesser devant eux la pudeur par des actes indécents ou par d'obscènes paroles?

Vous êtes le modèle vivant sur lequel se formera leur nature flexible. Il dépend de vous de faire d'eux ou des hommes ou des brutes

Et comprenez encore ceci. Nous naissons tous dans l'ignorance, et l'effet de l'ignorance est la misère et l'abaissement. Celui qui ne sait rien, qu'est-il en ce monde et qu'y peut-il être? A quoi est-il propre? Il n'a que ses bras, il n'a qu'un simple instrument matériel, pour lui en partie stérile; car la force physique n'a de valeur que celle qu'elle emprunte de l'intelligence qui la dirige. L'homme ignorant est donc à peu près une pure machine entre les mains de ceux qui l'emploient pour leur intérêt personnel. Or, voudriez-vous que telle fût la condition de vos enfants? voudriez-vous qu'à jamais déchus de la dignité humaine, ils végétassent dans un labeur aveugle et presque sans fruit, semblables au bœuf qui creuse son sillon au profit du maître qui l'excite et le guide?

Encore, au retour des champs, le bœuf est-il sûr de trouver le couvert et la nourriture; et cette assurance, l'as-tu, pauvre peuple, qui vis chaque jour du travail incertain du jour?

Vous devez donc à vos enfants l'instruction, comme vous leur devez le pain, l'aliment de l'esprit aussi bien que l'aliment du corps. Il est vrai que, dans le triste état de la société présente, ce devoir vous est souvent difficile à remplir. Les nécessités matérielles vous assiégent tellement, qu'à peine pouvez-vous avoir une autre pensée; et trop de gens croient de leur intérêt que vous restiez, vous et les vôtres, privés de la lumière à l'aide de laquelle vous parviendriez à vous affranchir de leur dépendance pour ne pas vous en rendre, autant qu'il est en eux, la source inaccessible.

Cependant votre devoir subsiste dans les limites où il vous est possible de l'accomplir ; et avec une volonté ferme peu d'obstacles sont insurmontables. Il y a une grande puissance dans la conscience du devoir.

Pères, mères, tels sont ceux que Dieu vos impose envers vos enfants. Enfants, apprenez aussi quels sont les vôtres envers vos parents ; car vous ne serez heureux et bénis qu'en y restant fidèles.

Honorez, aimez le père qui vous a transmis sa vie, la mère qui vous a nourris dans son sein et allaité de ses mamelles. Y a-t-il un être plus maudit que celui qui brise le lien d'amour et de respect établi par Dieu même entre lui et ceux desquels il tient le jour ?

Vous êtes à vos parents un grand sujet de soucis. N'ont-ils pas sans cesse devant les yeux vos besoins de toute sorte, et ne faut-il pas qu'ils fatiguent sans cesse afin d'y subvenir ? Le jour, ils travaillent pour vous ; et la nuit encore, pendant que vous reposez, souvent ils veillent pour n'avoir pas, le lendemain, à vous répondre quand vous leur demanderez du pain : « Attendez, il n'y en a pas. »

Si vous ne pouvez maintenant partager leur tâche, efforcez-vous au moins de la leur rendre moins rude par le soin que vous prendrez de leur complaire et de les aider, selon votre âge, avec une tendresse toute filiale.

Vous manquez d'expérience et de raison : il est donc nécessaire que vous soyez guidés par leur raison et leur expérience, et ainsi, selon l'ordre naturel et la volonté de Dieu, vous devez leur obéir, prêter à leurs conseils, à leurs enseignements une oreille docile. Les petits même des animaux n'écoutent-ils pas leur père et leur mère ; et ne leur obéissent-ils pas à l'instant lorsqu'ils les appellent, ou les reprennent, ou les avertissent de ce qui leur nuirait ? Faites par devoir ce qu'ils font par instinct.

Dieu vous a-t-il donné des frères, des sœurs : que rien n'altère jamais la paix entre vous ni l'affection que vous vous devez mutuellement. Vous êtes sortis des mêmes entrailles et le même lait vous a nourris : est-il un lien plus fort et plus sacré que celui-là ? Faites en sorte que les années le resserrent toujours davantage. Notre sentier sur la terre est difficile et rude : pour y marcher avec assurance, pour n'y point trébucher à chaque pas, appuyez-vous les uns sur les autres.

Plusieurs se perdent par un choix léger de leurs amis et de leurs compagnons : ne vous liez qu'avec ceux qui marchent dans la route du bien, dont la conduite est irréprochable. Les autres bientôt vous pervertiraient par leurs discours et par leurs exemples ; ils flétriraient en vous cette délicate fleur d'innocence qui répand sur le jeune âge comme un doux parfum.

On se laisse aisément aller à ce qui flatte, aux penchants que l'on doit sans cesse combattre et réprimer : mais après la faute vient l'amer regret et le remords et la peine. Quand vous avez fait le mal, ne sentez-vous pas un secret malaise et une grande tristesse en vous-même? Le désordre engendre la souffrance, et il y a toujours une douleur cachée au fond de chaque joie mauvaise. Le calme, au contraire, la sérénité, l'inaltérable contentement, sont le partage de la conscience pure. Elle ressemble au passereau qui repose doucement sur son lit lorsqu'au dehors la tempête secoue et brise les cimes de la forêt.

Il vient un temps où la vie décline, où le corps s'affaiblit, les forces s'éteignent ; enfants, vous devez alors à vos vieux parents les soins que vous reçûtes d'eux dans vos premières années. Qui délaisse son père et sa mère en leurs nécessités, qui demeure sec et froid à la vue de leurs souffrances et de leur dévouement, je vous le dis en vérité, son nom est écrit au livre du souverain Juge parmi ceux des parricides.

Et retenez bien cette dernière parole, vous tous pères, mères, frères, sœurs : s'il est sur la terre de vraies joies, un bonheur réel, ce bonheur, ces joies, se trouvent au sein d'une famille bien ordonnée, dont le devoir unit étroitement les membres ; car le bonheur ici-bas ne consiste point dans la jouissance ininterrompue de ce que les hommes appellent des biens, mais dans le mutuel amour qui doit adoucir les maux inséparables de notre existence présente, et les mélanges de je ne sais quelle lointaine émanation d'une félicité future mystérieuse.

XIII

L'état social, naturel à l'homme, établit entre les familles des relations d'où naît un nouvel ordre de devoirs, les devoirs envers la patrie.

La patrie, c'est la commune mère, l'unité dans laquelle se pénètrent et se confondent les individus isolés, c'est le nom sacré qui exprime la fusion volontaire de tous les intérêts en un seul intérêt, de toutes les vies en une seule vie perpétuellement durable.

Et cette fusion source féconde d'inépuisables biens, principe d'un progrès continu impossible sans elle ; cette fusion, dont l'effet est d'accroître indéfiniment la force de conservation et la puissance de développement, l'énergie productive, la sécurité, la prospérité, comment s'opère-t-elle? Par le dévouement de chacun à tous, le sacrifice de soi, par l'amour enfin, qui, étouffant l'abject égoïsme, accomplit la parfaite union des membres du corps social.

Or, vous le savez déjà, la vraie société, fondée sur l'égalité naturelle, n'est par son essence et ne doit être de fait que l'organisation de la fraternité. Toute autre institution politique, quelle qu'en soit la forme, renferme quelque chose de funeste et d'illégitime : d'illégitime, car nécessairement elle viole des droits imprescriptibles ; de funeste, parce qu'en les violant elle attaque la base même de l'ordre, et provoque ainsi des luttes intestines, des guerres terribles, que rien n'empêchera d'éclater tôt ou tard.

Votre premier devoir envers la patrie est donc de travailler, avec un zèle qui jamais ne se lasse, à établir dans son entière intégrité le grand et salutaire principe de l'égalité absolue des droits, d'où émanent toutes les libertés publiques et privées, de combattre sans relâche le privilége, jusqu'à ce que vous l'ayez complétement vaincu.

Souffrir qu'on porte atteinte à la seule légitime souveraineté, celle du peuple, que l'on en suspende l'exercice, que la domination se substitue à l'association libre. se courber devant un maître, c'est trahir la sainte cause du droit et de l'humanité, c'est renier le nom même de patrie. L'étable où mangent et dorment les bêtes de service n'est pas une patrie.

Si, à quelque titre que ce soit, vous permettez qu'entre les membres essentiellement égaux de la communauté on crée des catégories, des classes investies de certaines prérogatives à l'exclusion du reste du peuple, vous sanctionnez la criminelle usurpation de pouvoir en vertu de laquelle on s'arroge le droit d'établir de semblables catégories, vous sacrifiez lâchement votre propre droit et celui de vos frères, vous renoncez pour eux et pour vous à la qualité d'hommes, vous vous agenouillez sur les ruines de la vraie société, aux pieds de la tyrannie.

Quel est le but de l'association entre les familles primitivement indépendantes? Une plus forte garantie de l'égalité et de la liberté, le règne mieux assuré de la justice, un accroissement de bien-être par l'organisation du travail commun, par le développement de la puissance indéfinie de connaître et d'agir dont l'humanité contient le germe. Or que faut-il pour cela? De bonnes lois. Voulez-vous donc savoir ce que sont les lois, regardez qui les fait. Si elles sont faites par quelques-uns, elles le seront uniquement ou presque uniquement pour leur avantage: si par tous, elles eront faites pour le bien de tous, selon les principes éternels, les sympathies élevées et fécondes, les sacrés intérêts d'où émane l'institution sociale. N'ayez donc point de repos que tous ne coopèrent à la confection des lois par le choix de ceux qui font les lois.

Alors vous cesserez d'être exclus de la gestion des affaires communes, d'être livrés sans aucune défense à ceux qui maintenant vous exploitent; on ne vous chassera plus des assemblées où l'on traite de vous, où on délibère sur les choses d'où dépend votre existence même, comme on chasse d'une réunion d'hommes un vil animal qui s'y est introduit furtivement; vous ne formerez plus une caste politiquement proscrite; alors vous aurez vraiment une patrie.

Et la patrie, au sein de laquelle se fondent les familles diverses, doit être, dans votre amour, au-dessus de chacune d'elles; sans quoi, vous rompez le lien qui les unit toutes, vous subordonnez le corps entier à l'un de ses membres, vous détruisez autant qu'il est en vous la société en la ramenant sous l'influence de l'égoïsme, qui en ébranle la base.

A la patrie donc tout ce que vous êtes et tout ce que vous avez, votre cœur, vos bras, vos veilles, et vos biens et votre vie. Qui hésite à mourir pour elle, celui-là est infâme à jamais.

Toutefois, souvenez-vous bien qu'à la patrie elle-même vous devez préférer l'humanité ; car les peuples ont entre eux les mêmes relations que les familles entre elles et sont soumis aux mêmes devoirs. Le genre humain est un par essence, et l'ordre parfait n'existera, et les maux qui désolent la terre ne disparaîtront entièrement que lorsque les nations, renversant les funestes barrières qui les séparent, ne formeront plus qu'une grande et unique société.

Le patriotisme exclusif, qui n'est que l'égoïsme des peuples, n'a pas de moins fatales conséquences que l'égoïsme individuel : il isole, il divise les habitants des pays divers, les excite à se nuire au lieu de s'aider ; il est le père de ce monstre horrible et sanglant qu'on appelle la guerre.

Quoi de plus opposé à la nature et à ses lois que le nom d'*étranger ?* Ne sommes-nous pas tous frères, et comment le frère serait-il étranger au frère?

Chaque peuple doit aux autres peuples justice et charité; il doit et respecter leurs droits et au besoin leur prêter secours, soit pour les défendre si on les attaque, soit pour les reconquérir s'ils ont été dépouillés. Leurs destinées sont solidaires. Le peuple qui souffre près de soi l'oppression d'un autre peuple creuse la fosse où s'ensevelira sa propre liberté.

Employez donc tous vos efforts pour unir toujours plus les nations entre elles, pour détruire peu à peu les préjugés qui maintiennent leur séparation. Chacune d'elles, suivant son génie, le lieu, le climat qu'elle habite, a sa fonction particulière, que la Providence lui assigne pour le perfectionnement progressif de l'humanité. Loin de lui créer des entraves, toutes la doivent seconder, car elles travaillent pour toutes en travaillant pour soi. Aucune ne saurait se suffire, elles subsistent et se développent par l'assistance qu'elles se prêtent mutuellement. Il n'est pas vrai, comme le répètent ceux qui les trompent pour les asservir, qu'elles aient des intérêts opposés : ils ne le sont qu'accidentellement, par une suite du désordre apporté dans leurs relations naturelles. Rétablissez ces relations, le bien de l'une est le bien de l'autre, comme, en une famille ordonnée ainsi qu'elle doit l'être, le bien d'un de ses membres est le bien de tous, sa prospérité leur prospérité.

Lorsque les pluies viennent à tomber dans le pays où le Nil prend sa source, le fleuve grossit et remonte, et couvre de proche en proche la vallée qu'il féconde. Pour que ses fertiles eaux arrivent aux terres les plus éloignées, ne faut-il pas qu'il arrose d'abord celles qui touchent ses rives?

L'égoïsme subsistera toujours sous une forme ou une autre forme; le progrès, arrêté dans toutes ses voies, ne pourra pas même être conçu, faute d'un but final, tant qu'au-dessus de tous les intérêts et de personnes et de nations on n'aura point placé les sacrés intérêts de l'humanité entière. Notre amour, comme notre dévoûment, aveugle, caduc, imparfait, s'égare et défaille à chaque instant si le genre humain n'en est le terme. Individus, familles, peuples, qu'est-ce, sinon des parties d'un tout, hors duquel elles n'ont aucune raison d'être? Unité dernière et complète, en laquelle se coordonnent tous les rapports, se concentrent tous les droits, s'harmonisent tous les devoirs, il est l'homme même dans la plénitude de son être impérissable.

XIV

L'ensemble des devoirs d'où découle la vie et des vérités qui sont le fondement éternel de ces devoirs forme ce qu'on appelle la religion, lien non-seulement des hommes entre eux, mais de toutes les créatures entre elles.

Ainsi, nier la religion, c'est nier le devoir ; et puisqu'il existe de vrais devoirs, il existe une vraie religion; et puisque les devoirs sont par leur essence invariables et universels, la religion aussi est par son essence invariable et universelle.

Pour remplir les devoirs il faut y croire, et par conséquent croire aux vérités sur lesquelles ils reposent. La religion implique donc la foi comme sa base première, comme indispensable condition de la vie morale, condition elle-même de l'existence de la société et du genre humain.

Aussi le genre humain croit-il, en vertu de la nature même, primitivement, nécessairement.

Il croit en une Cause suprême, créatrice, infinie; et le nom de Dieu, le nom trois fois saint du Père de l'univers se retrouve en toute langue humaine.

Il croit à une Providence bienfaisante

qui dirige toutes choses, selon les lois de l'éternelle sagesse et de l'amour éternel, à une fin digne du Créateur.

Il croit que cette Providence veille spécialement sur l'homme, l'éclaire, l'instruit et le guide dans la voie qu'il doit suivre pour accomplir ses grandes et sublimes destinées.

Il croit à l'essentielle distinction du bien et du mal, à la liberté dont jouit l'homme de choisir entre l'un et l'autre, et, suivant le choix qu'il aura fait, à la récompense ou au châtiment inévitable de ses œuvres.

Il croit enfin que, par delà cette courte et laborieuse existence terrestre, une autre existence plus parfaite s'ouvre devant l'homme et se prolonge à l'infini dans les profondeurs de la durée éternelle.

Croyez ce que croit le genre humain. Sans ces croyances, que serait le devoir? comment le concevrait-on? Le devoir, n'est-ce pas ce qui unit? et qu'est-ce que l'union, si ce n'est la commune tendance vers un centre commun? et ce centre commun de tous les êtres, qu'est-ce, sinon l'Etre infini rigoureusement un, de qui tout sort, et à qui tout revient, qui produit, conserve et vivifie tout? qu'est-ce, sinon Dieu?

Malheur donc, malheur à l'athée! Dans

sa faim, dans sa soif, il appelle l'aliment, le lait qui nourrit toutes les créatures, et, au milieu du vide ténébreux où il s'est plongé, il ne saisit et ne presse que la sèche mamelle de la mort.

Tendre vers Dieu, c'est aspirer à s'unir à lui, et en lui à tous les êtres qui tendent également vers lui ; c'est aspirer au souverain bien, à la souveraine perfection, et travailler dès lors à se perfectionner sans cesse.

Tel est aussi le fondement de la doctrine du Christ : « Soyez parfaits comme votre Père céleste est parfait. »

Qu'est-ce à dire ? L'homme peut-il donc atteindre à l'infinie perfection de Dieu ? Non, mais il doit s'en rapprocher toujours et toujours plus, autant qu'il est en sa puissance. Et ainsi ses efforts ont un but, et il connaît ce but, et sa vie, comme la vie du genre humain, n'est, selon la loi qui doit en régler l'emploi, en diriger le développement, qu'une perpétuelle ascension vers le principe permanent de toute vie, une croissance perpétuelle en Dieu.

Nulle union possible sans amour ; car l'amour est l'énergie même qui accomplit l'union. Vous aimerez donc le Seigneur votre Dieu de tout votre esprit, de toute votre âme et de toutes vos forces. Voilà le premier et le plus grand commandement.

Le second en dérive et lui est semblable: Vous aimerez votre prochain comme vous-même.

Qui n'aime pas Dieu par-dessus toutes choses n'aime que soi, car il n'a plus, ne peut plus avoir d'autre but, d'autre terme que soi.

Qui n'aime pas le prochain comme soi-même n'aime pas Dieu et ne saurait l'aimer, car en Dieu tout se fond par l'amour dans la parfaite unité de son être.

Or, aimer Dieu, c'est le désirer; et la prière est le désir de l'âme, le mouvement qui la porte vers l'objet qu'elle aime, qu'elle aspire à posséder, qu'elle appelle à soi. Ainsi la prière, expression de l'amour, en est inséparable.

Aimer Dieu, c'est encore se donner à lui, se plonger en lui, s'oublier en un certain sens, se détacher de soi-même, pour n'être plus qu'un avec lui; c'est vouloir ce qu'il veut, et uniquement ce qu'il veut, par l'entier sacrifice de sa propre volonté en ce qui ne serait pas conforme à la sienne; et ce sacrifice de nous-mêmes, cet acte par lequel, reconnaissant et sa sagesse, et sa justice, et sa bonté suprême, nous protestons intérieurement que nous ne sommes rien et qu'il est tout, forme l'essence du culte que lui doivent ses créatures intelligentes, l'adoration en esprit et en vérité.

Et l'amour du prochain, n'est-ce pas aussi le dévouement, le sacrifice ? Sacrifice volontaire plein d'ineffables joies ; car on vit par l'amour en celui qu'on aime, et cette transfusion de vie, qui rend toutes les souffrances communes et tous les biens communs, dilate incessamment notre être, et tend ainsi à faire de tous les hommes comme un seul homme divinisé, en quelque manière, par son union toujours croissante, toujours plus intime avec Dieu.

Et pour que cette union s'accomplisse, Dieu lui-même aide l'homme et se prodigue à lui par une continuelle effusion de sa puissance, de sa lumière et de son amour, qui deviennent l'amour, la lumière, la puissance de l'homme ; car il ne peut rien sans Dieu.

Ne confondez point la religion, essentiellement une et invariable, avec les diverses formes extérieures qu'elle revêt. Celles-ci, imparfaites, infirmes, vieillissent et passent ; œuvres de l'homme, elles meurent comme lui. Le temps use l'enveloppe du principe divin, mais il n'use point le principe divin. Quand le corps dans lequel il s'était incarné se dissout et tombe en poussière, il s'en forme lui-même un nouveau plus parfait, dont le précédent contenait le germe.

Vous êtes nés chrétiens, bénissez-en

Dieu. Ou il n'est point de vraie religion, de lien qui unisse les hommes entre eux et avec l'Auteur éternel des choses, ou le Christianisme, religion de l'amour, de la fraternité, de l'égalité, d'où dérive le devoir comme le droit, est la vraie religion. Comparez aux autres nations les nations chrétiennes, et voyez ce que lui doit l'humanité : la progressive abolition de l'esclavage et du servage, le développement du sens moral et l'influence de ce développement sur les mœurs et les lois de plus en plus empreintes d'un esprit de douceur et d'équité inconnu auparavant; les merveilleuses conquêtes de l'homme sur la nature, fruit de a science et des applications de la science; l'accroissement du bien-être public et individuel ; en un mot, l'ensemble des biens qui élèvent notre civilisation si fort au-dessus de la civilisation antique et de celle des peuples que l'Evangile n'a point encore éclairés.

A ces biens innombrables se sont sans doute mêlés beaucoup de maux; mais les biens viennent du Christianisme, ils en découlent directement; et les maux viennent de ceux qui ont faussé la doctrine du Maître ou violé ses préceptes saints ; ils viennent de l'inévitable imperfection des formes externes, soumises à l'action des hommes et aux nécessités des temps; de ce que les premiers, rattachant leurs intérêts terrestres à ces formes variables dépendantes d'eux à divers égards, ils les ont peu à peu identifiés au fond même du Christianisme, subordonnant au corps, qui change et périt, l'âme immuable et impérissable.

Je vous le dis, ce désordre ne saurait désormais durer, il touche à sa fin; et le Christianisme, enseveli sous l'enveloppe matérielle qui le recouvre comme un suaire, reparaîtra dans la splendeur de sa vie perpétuellement jeune.

Séparé de l'œuvre mortelle avec laquelle on l'a confondu, il est la loi première et dernière de l'humanité; car au delà de Dieu il n'est rien qu'on puisse proposer pour terme à l'homme; car nulle autre voie pour aller à Dieu, nul autre moyen de s'unir à lui que l'amour; car ce grand commandement de l'amour ne sera jamais épuisé ni sur la terre, où il doit former de tous les individus, de toutes les familles, de tous les peuples, une seule unité, celle du genre humain; ni au ciel, où doit s'accomplir par lui l'union de plus en plus parfaite des créatures et du Créateur.

Et ainsi ce que disait le Christ est vrai encore, le sera toujours : « Venez à moi, vous tous qui portez avec douleur le poids du travail et je vous ranimerai. »

Et un jour tous viendront à lui, et ce jour n'est pas loin, déjà il tressaille dans le sein de l'avenir. Maintenant nous marchons comme à la lueur d'un faible crépuscule : au radieux lever de l'astre, le monde inondé de sa lumière et sentant renaître en soi, avec l'espérance, et la foi et l'amour, le saluera de ses chants d'allégresse.

XV

Ne l'oubliez jamais, nulle société, nulle vie sans le devoir, et la religion n'est dans ses préceptes que le devoir même et dans ses doctrines que l'ensemble des vérités qui forment la base immuable, éternelle du devoir.

Celui qui se déclare sans religion se déclare donc en dehors du devoir, en dehors des sentiments, des croyances unanimes, de l'universel instinct, il nie l'intelligence et la conscience humaine, sa nature et les lois de sa nature ; il nie la société, il se nie lui-même ; car sans la société, comment subsisterait-il ? que serait-il ?

Si chaque homme ne devait rien aux autres hommes, les autres non plus ne lui devraient rien. Perpétuellement, radicalement en guerre avec eux comme avec tous les êtres, il offrirait au sein de l'univers l'effrayant assemblage d'une convoitise illimitée et d'une impuissance infinie.

Y a-t-il une misère égale à cette misère ?

Le premier fruit du devoir, de l'exactitude à le remplir, est au contraire l'actuelle jouissance d'un bien-être au-dessus de tous les biens, le calme intérieur et la paix et le doux contentement, et cette joie pure qui console l'âme des traverses de la vie, et la transporte et la dilate comme en un monde meilleur.

La vertu est d'abord sa propre récompense, et le vice engendre la punition qui le suit infailliblement. De combien de soucis, d'inquiétudes, de maux de toutes sortes n'est-il pas la source ! Vites-vous jamais le méchant heureux ? La richesse, le pouvoir, peuvent être son partage ; mais ni le pouvoir, ni la richesse ne sont le bonheur, et si vous saviez quelles plaies hideuses recouvrent d'ordinaire les vêtements d'or et de soie, si elles vous étaient soudain dévoilées, vous reculeriez d'épouvante.

Gardez-vous de juger sur les dehors. Certaines plantes vénéneuses croissent dans la pourriture ; souvent elles brillent des plus vives couleurs : ouvrez-les, qu'y a-t-il dedans ? une poudre infecte et noire.

Dans la société mauvaise et antichrétienne où vous vivez, il ne suffit pas toujours de régler ses actions sur la loi morale pour prospérer. L'obéissance à cette divine loi ne laisse pas néanmoins de porter son fruit immédiat. Jetez les yeux près de vous : regardez cette famille dont les membres, fidèles au devoir, ne s'en écartent en aucune chose ; où le produit du travail commun, consacré à pourvoir aux communs besoins, n'est jamais dissipé en de honteux plaisirs ; où le père ne donne que de bons exemples ; où la femme, occupée des soins domestiques, dévouée avec tendresse à son mari, à ses enfants, est pour eux l'objet d'une tendresse et d'un dévouement semblables. Cette famille, sans doute, n'est point à l'abri de la pauvreté ; qui cependant ne préférerait son sort à celui d'une famille plus favorisée de la fortune, mais en proie au désordre et à l'inconduite, où les querelles intestines, la jalousie, la haine, naissent chaque jour, à chaque heure, de la violation des devoirs mutuels ? On respecte celle-là, on se sent comme attiré vers elle par un sentiment affectueux et doux ; on méprise celle-ci, et on la fuit comme on fuirait un reptile immonde.

Oh ! qui serait une seule fois descendu au fond du cœur de l'homme de bien, de l'homme qu'anime l'amour de Dieu et l'amour de ses frères, il y découvrirait de secrètes joies si vives, si pures, qu'il prendrait à dégoût toutes les autres joies.

Ainsi le premier effet du devoir est de diminuer les maux de la vie, d'en adoucir l'amertume, et d'y mêler tout un ordre ineffable de jouissances inconnues à ceux que les passions mauvaises dominent ou que l'égoïsme concentre en eux-mêmes. N'y eût-il que ce prix attaché à son accomplissement, ne serait-il pas assez grand déjà ?

Mais le devoir rempli fidèlement produit encore un autre effet par le merveilleux enchaînement des lois qui constituent l'ordre : il réalise le droit. Peuple, c'est par lui, uniquement par lui, que tu parviendras à recouvrer ceux dont l'injustice t'a dépouillé. Qui de vous pourrait lutter seul contre la puissance des oppresseurs ? Ils le briseraient comme un vase d'argile. Pour les vaincre, il est nécessaire que vous soyez unis, et quelle union possible si l'amour n'en est le lien, si, pleinement soumis à la loi du devoir, chacun de vous, respirant et vivant en ses frères, n'est prêt à se dévouer, à mourir pour eux ?

Vous avez d'abord à reconquérir votre

dignité d'homme, le libre exercice de votre inaliénable souveraineté. Or, pour cela, que faut-il? Une volonté commune et un effort commun, c'est-à-dire la conscience du droit d'autrui comme de son droit propre, la fusion parfaite des intérêts en un seul intérêt. Autrement ce ne serait pas le droit, ce serait un privilége que l'on réclamerait, et l'on aurait dès lors contre soi, et ceux qui repoussent le privilége, et ceux qui déjà jouissent du privilége.

Si donc vous n'aimez vos frères comme vous-même, nulle espérance d'affranchissement; résignez-vous à servir toujours; vous n'avez à attendre que cela

Que si chacun de vous, au contraire, aime son frère comme soi-même, il ne souffrira point qu'on l'opprime, il lui prêtera en toute circonstance aide et secours contre la force inique, et de l'universelle charité sortira une résistance universelle à l'oppression.

Lorsqu'on n'attaque que l'injustice, on triomphe tôt ou tard. Afin de triompher certainement, ne veuillez donc rien que de juste. Respectez le droit de ceux mêmes qui ont foulé le vôtre aux pieds. Que la sûreté, la liberté, la propriété de tous sans exception vous soient sacrées, car le devoir s'étend à tous également. Si une fois vous violez le devoir, où s'arrêterait cette violation? Ce n'est point avec le désordre que l'on remédie au désordre. De quoi vous accusent vos ennemis? De vouloir uniquement substituer votre domination à leur domination, pour en abuser comme ils en abusent; de nourrir des pensées de vengeance, des projets de tyrannie; et de là, dans les esprits, une crainte vague dont ils profitent avec adresse pour prolonger votre asservissement.

Dissipez ces fantômes sinistres évoqués par de détestables imposteurs afin d'intimider des hommes simples et bons et les détourner des voies de l'avenir. Proclamez le devoir en même temps que le droit; ne les séparez point en vous-même; qu'ils soient à jamais unis dans votre conscience et dans vos œuvres. Alors s'évanouira le plus grand obstacle à ce que vous désirez et devez désirer.

Vous avez aussi à vous créer dans l'ordre matériel une existence moins précaire, moins dure; à combattre la faim, à faire en sorte d'assurer à vos femmes et à vos enfants le nécessaire, qui ne manque, parmi toutes les créatures, qu'à l'homme seul. Or, pourquoi vous manque-t-il? Parce que d'autres absorbent le fruit de votre labeur et s'en engraissent. Et d'où vient ce mal? De ce que chacun de vous, privé dans son isolement des moyens d'établir et de soutenir une concurrence réelle entre le capital et le travail, est livre sans défense à l'avidité de ceux qui vous exploitent tous. Comment sortirez-vous de cette funeste dépendance? En vous unissant, en vous associant. Ce qu'un ne peut pas, dix le peuvent, et mille encore mieux.

Le castor solitaire vit à grand'peine dans le premier trou qu'il rencontre sur la rive du fleuve : associé à d'autres castors, il bâtit en travers du courant de vastes et commodes demeures où ils vivent tous dans l'abondance.

Mais aucune association n'est possible, aucune ne saurait prospérer si elle n'a pour base la confiance mutuelle, la probité, la conduite morale de ses membres, ainsi qu'une sage économie. L'injustice et la mauvaise foi, la paresse et l'intempérance, la dissoudraient immédiatement. Au lieu de produire l'unité d'action, elle deviendrait une cause permanente de discordes et d'inimitiés. La pratique rigoureuse du devoir est donc une condition indispensable de l'association. Bien plus : le devoir en est le principe générateur, elle naît de lui spontanément; car, en réalité, qu'est-elle, sinon la fraternité même organisée pour atteindre plus sûrement et plus pleinement son but? Celui qui, n'aimant que

R.F. BIBLIOTHÈQUE NATIONALE IMPRIMÉS

soi, ne songe non plus qu'à soi, avec qui s'associerait-il ? Et comment concevoir que ce qui sépare puisse unir jamais? Les mots mêmes sont contradictoires.

Vous direz : Il est vrai, l'association serait un puissant remède à nos maux ; mais ceux qui profitent de nos maux en souffriront-ils le remède? Ils jetteront leurs lois entre chacun de nous et ses frères, et tous nos efforts pour nous rapprocher seront vains, et les violences qu'ils provoqueront infailliblement contre nous aggraveront encore notre misère.

Et moi, je vous dis : Veuillez seulement, et les lois iniques disparaîtront soudain, et la violence des oppresseurs se brisera contre votre fermeté inflexible et juste. Rien ne résiste à l'union du droit et du devoir.

Souvenez-vous des castors. Vous êtes dispersés sur les bords du fleuve : assemblez-vous, entendez-vous, et vous aurez bientôt opposé une digue inébranlable à ses eaux rapides et profondes.

XVI

Vous connaissez maintenant les vraies lois de l'humanité, les lois d'où dépend son progrès, et par conséquent l'amélioration présente ou future de votre sort, du sort du peuple; car, encore une fois, le peuple, que ses maîtres, dans leur orgueil, comptent pour si peu, qu'ils regardent avec tant de dédain, qui n'est à leurs yeux qu'un instrument de leurs convoitises insatiables, un champ qu'on exploite, un animal qu'on selle et qu'on bride pour monter dessus, le peuple, c'est le genre humain.

Si vous savez défendre vos droits, si vous accomplissez vos devoirs, cet effrayant désordre cessera. Le genre humain, relevé de sa longue déchéance, ne sera plus la propriété de quelques durs dominateurs, ni la terre leur héritage exclusif. Tous auront part aux biens destinés à tous par la Providence. Les sueurs, la fatigue, la faim, les larmes et les souffrances et les angoisses des uns ne nourriront plus l'opulence des autres, et leur luxe effréné, et leurs passions, et leurs jouissances monstrueuses.

Toutefois ne vous abusez ni sur le temps ni sur les choses. Gardez-vous de rêver l'impossible, ce qui ne peut être, ce qui ne sera jamais. Loin de remédier aux maux qui surabondent en ce monde, vous ne feriez que les rendre et plus nombreux et plus pesants.

L'égalité parfaite, absolue, non des droits (celle-ci constitue l'ordre même), mais des positions et des avantages annexés à chaque position, n'est point dans les lois de la nature, qui a distribué inégalement ses dons entre les hommes, les forces du corps et celles de l'esprit. Sans cela, que serait la société? Comment subsisterait-elle, comment se développerait-elle, si la diversité des génies et des aptitudes ne produisait comme une série de destinations correspondantes aux fonctions qu'elle implique, depuis les plus humbles jusqu'aux plus élevées? Ceux-ci labourent les champs, ceux-là cultivent la science, et tous contribuent à leur manière au bien commun.

Le mouvement même de la vie sociale oppose un obstacle invincible à l'égalité des fortunes : établie le matin, le soir elle n'existerait plus ; l'industrie, plus ou moins intelligente, plus ou moins active, la bonne ou mauvaise économie, l'auraient déjà détruite. Et l'on ne doit pas s'en plaindre ; car ce continuel effort de chacun, cet instinctif emploi de ses facultés pour augmenter son propre bien-être, est une des conditions du bien-être général.

Ne pensez pas non plus que votre état si misérable puisse complétement changer tout d'un coup. Ce changement total et subit est, quoi que vous fassiez, impossible. Il impliquerait une violence telle, qu'au lieu de réformer la société, il briserait les ressorts de la société.

Lorsque vous aurez réussi à donner pour fondement à l'organisation politique l'égalité chrétienne des droits, la régénération, voulue de vous et que Dieu vous commande de vouloir, s'accomplira de soi-même, dans ses trois branches inséparables, l'ordre matériel, l'ordre intellectuel et l'ordre moral.

D'où vient le mal dans l'ordre matériel? Est-ce de l'aisance des uns? Non, mais du dénûment des autres; de ce que, en vertu des lois faites par le riche pour l'exclusif intérêt du riche, il profite presque seul du travail du pauvre, de plus en plus stérile pour lui. De quoi donc s'agit-il? D'assurer au travail ce qui lui appartient équitablement dans les produits du travail même; il s'agit, non de dépouiller celui qui possède déjà, mais de créer une propriété à celui qui maintenant est privé de toute propriété.

Or, comment y parviendra-t-on? Par deux moyens : l'abolition des lois de privilége et de monopole; la diffusion des capitaux que le crédit multiplie, ou des instruments de travail rendus accessibles à tous.

L'effet de ces deux moyens, combinés avec la puissance incalculable de l'association, serait de rétablir peu à peu le cours naturel de la richesse, artificiellement concentrée en quelques mains ; d'en procurer une distribution plus égale, plus juste, et de l'accroître indéfiniment.

Rien de ce qui doit durer ne se fait qu'à l'aide du temps, par la lente, mais sûre influence de l'énergie organisatrice. Lorsqu'une prairie jaunit et se dessèche parce qu'on a détourné le ruisseau qui l'arrosait, il faut, pour qu'elle reverdisse, y conduire de nouvelles eaux, qui, répandues sur sa surface, pénétreront au pied de chaque brin d'herbe et ranimeront sa vie languissante.

Le travail affranchi, maître de soi, serait maître du monde, car le travail, c'est l'action même de l'humanité accomplissant l'œuvre dont l'a chargée le Créateur.

Hommes de travail, prenez donc courage ; ne vous manquez point à vous-mêmes, et Dieu ne vous manquera point. Chacun de vos efforts produira son fruit, amènera dans votre sort une amélioration, d'où successivement en sortiront d'autres plus grandes, et de celles-ci d'autres encore, jusqu'au jour où la terre, pleinement renouvelée, sera comme un champ dont une même famille recueille et partage en paix la moisson.

A mesure que, votre aisance augmentant, vous serez moins absorbés dans les besoins du corps, des besoins d'une autre nature s'éveilleront en vous et réclameront à leur tour l'aliment propre à les satisfaire. Vous voudrez savoir, et vous le pourrez, parce que ni les secours ni le loisir nécessaires pour cultiver l'esprit, acquérir la science, ne vous manqueront plus. Tous puiseront à la source ouverte à tous l'instruction, qui rendra leur travail plus fécond, et progressivement les introduira dans une sphère supérieure d'existence.

Les occupations relatives aux pures nécessités physiques rabaissent l'homme au rang de l'animal, exclusivement concentré en elles. Or, dans votre situation présente, sur sept jours, il en est six uniquement consacrés au corps; à peine le septième vous est-il laissé pour vivre de la vie spirituelle, de la véritable vie de l'homme. Peu à peu, au lieu d'un seul jour vous en aurez deux, vous en aurez trois, et toujours davantage; car la tendance directe du progrès est de spiritualiser de plus en plus l'homme, et de substituer à sa force, dans tous les labeurs matériels, les forces brutes de la nature, soumises à l'empire de son intelligente volonté.

Alors de secrètes puissances, actuellement endormies en vous, y développeront comme un nouvel être, sans cesse agrandi par la connaissance qui se dilatera sans cesse, et avec elle le sentiment de l'art et de ses délicates jouissances, et les joies intimes inépuisables, que produit la contemplation du vrai et du beau.

A ces deux ordres de perfectionnement matériel et intellectuel s'en joindra un troisième sans lequel les premiers ne s'effectueraient jamais; car nul perfectionnement qui n'ait sa racine dans le perfectionnement moral; et tous ils s'enchaînent l'un à l'autre et se secondent mutuellement.

Le devoir, devenu plus facile par la diminution des souffrances qui excitent à l'enfreindre, sera chaque jour plus rarement violé. Presque tous les crimes que la loi punit naissent de la faim : ils disparaîtront lorsque les hommes qu'elle obsède maintenant seront à l'abri de ses suggestions fatales.

Des saintes maximes d'égalité, de liberté, de fraternité, immuablement établies, émanera l'organisation sociale. Les intérêts privés peu à peu se fondront en un seul intérêt, celui de tous, parce que, soustraits à l'influence du froid et stérile égoïsme, tous aprendront, tous sentiront qu'il n'y a de vie que dans l'amour, d'apaisement de l'âme que dans le dévouement qu'il inspire. Semblable à la colombe, qui repose sur son nid, il pénétrera de sa douce chaleur le germe divin caché au fond de la nature humaine, et l'on verra éclore comme un monde nouveau.

Dans ce monde, illuminé de la splendeur du souverain Être, le lien sacré qui opère l'union des créatures et de leur auteur apparaîtra aux hommes tel qu'il est; et la religion, dépouillée des vêtements vieillis qui la recouvrent, du corps infirme usé par les ans où elle gît comme en un tombeau, se remontrera dans sa pureté et sa sainteté éternelles. L'Évangile du Christ, scellé pour un temps, sera ouvert devant les nations, et toutes elles viendront y lire la loi, y puiser la vie.

A présent, abaissées vers la terre, perdues dans les ténèbres et le vide de ce qui se passe. les âmes aspirent à la lumière, au bien immuable, infini; elles ont soif de Dieu. Sitôt qu'elles auront retrouvé leur voie, elles s'élanceront vers lui d'un impétueux mouvement, ainsi qu'en un désert brûlé par les feux du midi, des voyageurs se hâtent vers la fontaine longtemps désirée, qui les abreuvera de ses eaux limpides.

La société, conçue selon sa vraie nature, cessera d'être une lutte organisée entre les intérêts divers. L'inflexible justice y protégera également tous les droits. A quel titre le fort dépouillerait-il le faible des siens, lui en interdirait-il l'exercice? Qu'est-ce que Dieu a donné à l'un qu'il n'ait aussi donné à l'autre? Le commun Père a-t-il réprouvé quelques-uns de ses enfants? Vous qui réclamez la jouissance exclusive de ses dons, montrez le testament qui déshérite vos frères.

L'œil constamment ouvert sur les maux pour les soulager, la charité modifiera profondément les lois. Elles tendront de plus en plus à compenser, par une sollicitude, une assistance spéciale, les désavantages qui résultent inévitablement pour plusieurs, soit des inégalités naturelles, soit de certaines circonstances fortuites de naissance ou de position.

Le Fils de l'homme disait : « Les renards ont leur tanière, les oiseaux du ciel ont leur nid, mais le Fils de l'homme n'a pas une pierre pour y reposer sa tête. »

On ne punira plus les infortunés qui portent le poids des mêmes destinées que le Fils de l'homme ; on ne leur imputera plus le crime de ceux qui les délaissent.

La législation même instituée pour la répression des vrais délits changera de caractère. Un esprit de miséricorde et de douce compassion y remplacera l'esprit de vengeance, l'idée fausse et sanglante d'expiation. On verra dans le criminel un frère égaré qu'on doit plaindre, éclairer, ramener; un malade que l'on doit s'efforcer de guérir s'il est guérissable, empêcher de nuire aux autres et à soi-même s'il ne l'est pas. L'amélioration du coupable sera le but de la punition. Comment sa souffrance pourrait-elle être une réparation pour la société?

La vie n'appartient qu'à Dieu, et c'est pourquoi il est écrit : « Vous ne tuerez point. » Quand la loi tue, elle n'inflige pas un châtiment, elle commet un meurtre.

Appelez-vous justice l'acte qui rend infâme celui qui l'accomplit, l'acte qui ravit à un être humain tous ses droits ensemble, et non-seulement ses droits, mais la faculté même de posséder jamais aucun droit? Lorsque de cet être animé vous avez fait une poignée de cendre, cette cendre, emportée par les vents, sera-t-elle, sur la terre où elle tombe, une semence de bien, un germe de vertu?

Qu'importe, au reste? L'amour domine la justice même, et le propre de l'amour est de se dévouer à celui qu'on aime, de se sacrifier à lui volontairement. Le frère ne dit point à son frère : Donne-moi ta vie : il lui donne la sienne. La peine de mort fut abrogée, il y a dix-huit siècles, sur la croix du Christ.

Le devoir qui unit les individus et les familles unira également les peuples. Les maximes impies qui les divisent, qui fondent leurs relations sur des principes étrangers et souvent contraires à ceux de la morale, les barbares maximes qui les supposent naturellement ennemis les uns des autres, seront rejetées avec horreur.

Déjà ils commencent à comprendre que, loin d'être opposés, comme le disent ceux qui les trompent pour les diviser et les divisent pour les maîtriser plus sûrement, leurs intérêts sont identiques; déjà un vif instinct les porte à se rapprocher, à se reconnaître pour frères. Bientôt ils s'appuieront, s'aideront mutuellement. Ce qui les séparait chancelle et croule; les distances mêmes s'effacent. On entrevoit dans le lointain des âges l'époque heureuse où le monde ne formera qu'une même cité régie par la même loi, la loi de justice et de charité, d'égalité et de fraternité, religion future de la race humaine tout entière, qui saluera dans le Christ son législateur suprême et dernier.

Les maux sans nombre qui dérivent des vices des gouvernements diminueront à mesure qu'au principe de domination, sur lequel ils reposent, la raison publique, surmontant l'opiniâtre résistance des préjugés et des intérêts, substituera celui de l'association libre, immédiate conséquence de la souveraineté du peuple, la seule réelle, la seule qui ait un fondement solide, inébranlable dans le droit.

Ce changement, certain tôt ou tard, suffira pour anéantir les causes générales de guerre. Qu'est-ce qui pourrait troubler profondément la paix, lorsqu'il n'y aura plus ni guerres de conquête, ni guerres de succession, ni guerres commerciales?

Or les guerres de conquêtes, funestes aux vainqueurs comme aux vaincus, ont constamment pour cause l'ambition d'un chef insatiable de pouvoir et de richesses. Que le chef, quel qu'il soit, au lieu de commander, obéisse au peuple, dont il n'est et ne peut être légitimement que le simple mandataire ; les guerres de conquête et les désastres et les calamités qu'elles traînent après elles cessent à l'instant même de désoler l'humanité, car le peuple qui attaquerait la liberté d'un autre peuple, ses droits, son existence, renoncerait à sa propre liberté, à ses propres droits, et se condamnerait lui-même à mort.

Les guerres de succession, d'où viennent-elles? que sont-elles? une conséquence du droit monstrueux qui fait d'un pays, d'un peuple, la propriété d'une famille, sa possession héréditaire. Ces guerres disparaissent donc avec le droit qui les engendre.

Des entraves apportées aux communications des peuples entre eux, à l'expansion de l'industrie et aux lois naturelles qui tendent à établir partout l'équilibre entre la production et les besoins, non d'une nation, mais de toutes les nations, de ces entraves arbitraires, dont le fisc profite seul aux dépens de la prospérité publique, naissent les guerres commerciales, si fréquentes dans les temps modernes. Elles n'auront plus de causes possibles quand la parfaite liberté de commerce aura couronné les autres libertés.

Délivrées du fléau de la guerre, à laquelle succédera d'abord une concurrence transitoire, les nations comprendront l'intérêt qu'elles ont toutes à coordonner leurs efforts, à organiser leurs travaux, afin de tirer de l'héritage commun, du patrimoine universel, tout ce qu'il peut fournir pour satisfaire les besoins des hommes, pour multiplier leurs jouissances; et de cet ensemble de travaux dirigés à la même fin sortira une masse incalculable d'utiles productions, que la science, en se développant, augmentera sans cesse, tandis que le développement moral en déterminera une plus équitable distribution.

Ainsi peu à peu croîtra le bien-être de tous, ainsi de proche en proche le mal ira s'affaiblissant, par une suite naturelle du progrès général. Sans doute, il ne sera jamais ici-bas détruit entièrement; sans doute, il y aura toujours des souffrances sur terre. Et c'est, ne l'oubliez jamais, que tout ne finit pas sur la terre; que la vie présente, pour le genre humain comme pour l'individu chargé d'accomplir une œuvre laborieuse, mais grande et sainte, n'est qu'une préparation nécessaire à une existence plus parfaite.

Peuple, garde-toi d'incarner tes sublimes espérances dans la boue que tu foules aux pieds. Durant ce court passage, tu n'es entouré que de fantômes, d'ombres vaines : les réalités te sont invisibles, l'œil de chair ne peut les saisir; mais Dieu qui en a donné l'invincible désir à l'homme, en a mis aussi dans son cœur l'infaillible pressentiment.

Lève les yeux : ici est le travail, la tâche à remplir, ailleurs est le repos, la vraie joie, la récompense certaine du devoir accompli jusqu'au bout.

Lorsque, après les fatigues de la journée, le laboureur voit le soir venir, il rentre en paix dans sa chaumière, songeant à la moisson cachée dans les guérets, que les nuées humecteront de leurs tièdes ondées, que le soleil mûrira : car il sait que la nuit ne sera point éternelle.

UNE

VOIX DE PRISON

I

Va, et dis-leur ce que tes yeux ont vu.

Ils ne m'écouteront pas, Seigneur.

Qu'importe qu'ils t'écoutent? Les bons t'écouteront, et ta parole, empreinte invisiblement dans les autres, leur apparaîtra toute vivante quand le feu de ma colère les pénétrera.

Seigneur, vous le savez, je suis vieux et je n'ai plus de voix. Laissez votre serviteur reposer un peu avant qu'il s'en aille. Encore quelques instants, et il ne sera plus.

Et c'est pour cela qu'il n'en faut pas perdre ; c'est parce que le jour baisse qu'il faut se hâter. Ne cherche point le repos où il n'est pas : le repos viendra en son temps. Souviens-toi de ceux qui, en se couchant dans la tombe, ont mis leur épée sous leur tête : l'épée, c'est le chevet des forts.

J'irai, Seigneur, où vous voudrez que j'aille; ce que vous ordonnerez, je l'accomplirai; je combattrai pour votre justice tant qu'un souffle me restera.

Va donc, et ne crains rien. Je serai près de toi dans ma force, je mettrai sur tes lèvres ce que tu devras annoncer.

La terre est recouverte d'une vapeur de crimes; j'enverrai la tempête pour la balayer.

Les hommes d'iniquité se réjouissent dans leurs œuvres; ils croient leur puissance affermie à jamais. J'ai commandé à un petit ver d'en piquer la racine: demain l'arbre sera séché jusqu'au sommet.

Mon jour approche, il est là tout près.

Parle aux tyrans ; verse mes menaces dans leur oreille; attache à leur âme la froide peur; qu'elle soit leur premier supplice.

Ils se sont dit que je n'étais pas : ils apprendront si je suis !

Parle aux oppresseurs; enveloppe-les des plaintes, des gémissements, des cris de leurs victimes ; qu'ils les entendent dans leur sommeil, et les entendent encore dans leur veille; qu'ils les voient errer autour d'eux comme des pâles fantômes, comme des ombres livides; que partout les suive l'effrayante vision; que ni le jour ni la nuit elle ne s'éloigne d'eux; qu'à l'heure du crépuscule, lorsqu'ils s'en vont à leurs fêtes impies, ils sentent sur leur chair l'attouchement de ces spectres, et qu'ils frissonnent d'horreur.

Parle aux opprimés : dis-leur que mon œil est ouvert sur eux, que la voix de leurs souffrances a monté jusqu'à moi, que je la changerai en voix d'allégresse.

Dis-leur que, livrés aux hommes méchants, aux hommes d'égoïsme et de haine, ils triompheront d'eux par la justice et par l'amour.

S'il se pouvait que le mal détruisît l'univers, il renaîtrait d'une seule larme du juste.

Parle à tous ceux qui pleurent, à tous ceux qui désirent selon le bien, qui, dans leurs prières, m'adressent ce vœu pur : Que votre règne arrive !

Il arrivera, je l'ai promis, je l'ai juré par moi-même.

Fils de l'avenir, cueillez des palmes, préparez des cantiques pour célébrer sa venue. Déjà les petits enfants sourient dans leur berceau, car ils l'ont aperçu dans leurs songes prophétiques.

Et Satan, au sein des ténèbres, tressaille d'une muette terreur; à l'Orient mystérieux, là d'où s'épanche la vie, il a découvert un signe menaçant, quelque chose de splendide et de formidable, comme l'ombre de ma main.

II

Le soleil s'était levé brillant; sa lumière ruisselait sur les pentes des monts, perçait les ombres noires des forêts, scintillait, réfléchie par l'humide poussière qui recouvrait les fils légers, le réseau impalpable et mobile étendu sur les prés, les champs; de fraîches odeurs, comme l'haleine des génies de la terre, embaumaient l'air calme; des voix mystérieuses, épandues au loin, murmuraient des sons inconnus, que l'oreille saisissait à peine, dernier écho des songes de la nuit.

Vous êtes grand, Seigneur, dans vos œuvres.

Et je vis sortir de chaumières dispersées çà et là sur les coteaux, dans les vallons, des hommes âgés et d'autres plus jeunes, pâles, amaigris, courbés sous des instruments de labourage. Ils marchaient lentement, comme s'ils eussent traîné je ne sais quel poids interne. Quelquefois, s'arrêtant, leur regard contemplait toutes ces divines magnificences.

Et ils étaient tristes.

Gonflés d'une séve féconde, les arbres leur disaient : Voyez ces fleurs, bientôt elles se changeront en fruits qui mûriront pour vous.

Et ils étaient tristes.

La vigne disait : J'élabore en secret dans mes rameaux un suc fortifiant qui vous ranimera, qui réchauffera vos membres glacés, quand l'hiver sera venu.

Et ils étaient tristes.

Les prairies disaient : Nous avons préparé un banquet pour vos brebis, vos taureaux, vos génisses; amenez-les, ils vous rendront, en cent manières diverses, ce que nous leur aurons donné.

Et ils étaient tristes.

Et les guérets aussi disaient : Vos greniers sont-ils prêts? Le jour, la nuit, nous travaillons pour les remplir. N'ayez aucun souci ni pour vous, ni pour vos femmes et vos petits enfants. Dieu nous a chargés de pourvoir abondamment à leurs besoins.

Et ils étaient tristes.

La Nature entière leur criait :

Je suis votre mère ; venez, venez tous vous abreuver à ma mamelle intarissable.

Et ils étaient tristes, et leur poitrine s'élevait et s'abaissait, et de grosses larmes tombaient de leurs yenx.

Que veut dire cela, Seigneur ? et qu'y

a-t-il donc au fond du cœur de l'homme?

Ils sont tristes, parce que les fruits ne mûriront point pour eux; parce que le suc de la vigne ne les réchauffera point en hiver; parce qu'ils n'auront de part ni à la toison de leurs brebis, ni au lait de leurs génisses, ni à la chair de leurs taureaux; parce que d'autres moissonneront leurs guérets, où ils ont semé avec sueur et fatigue; que déjà ils entendent leurs petits enfants tout en pleurs dire : J'ai faim, et voient le cœur de celles qui leur donnèrent la vie se briser; parce qu'une race violente, sans amour, sans pitié, s'est placée entre eux et la commune Mère, et qu'elle ne souffre point que leurs lèvres s'approchent de sa mamelle intarissable.

Et votre justice, Seigneur!

Elle aura son jour, n'en doute point; et ce sera un jour saint dans le ciel, et le jour d'une grande joie sur la terre.

III

Mon Dieu, ayez pitié du pauvre prolétaire!

Quand je naquis, mon père n'était plus. Un jour, le spectre décharné qu'on appelle Misère entra dans sa demeure; il lutta contre lui corps à corps, il lutta longtemps, mais enfin ses forces s'épuisèrent. Alors descendit l'ange qui délivre, et, se penchant sur son chevet : Tu as, dit-il, accompli ta rude tâche en ce monde; maintenant, passe à une meilleure vie.

Ma mère l'ensevelit de ses mains, puis elle resta seule. Seule, non; le spectre était toujours là.

Son terme venu, elle m'enfanta avec de grandes douleurs en pleurant. Elle pleurait, ma mère, car elle manquait de langes pour envelopper son premier-né.

Après, elle pleura bien plus encore, voyant que son lait tarissait faute de nourriture, et que la chaleur de son sein et sa faible haleine ne réchauffaient qu'à demi les pâles membres de l'enfant.

A force d'amour, en me donnant de sa vie, elle conserva la mienne. Travaillant le jour, la nuit, sans feu l'hiver, et l'été sous la tuile brûlante, son souci, durant ces longues heures, était de me préserver de tout ce qu'elle souffrait pour moi, et sa joie de me sourire.

Cependant, je croissais. Elle redoubla d'efforts pour qu'un peu d'instruction m'aplanît les sentiers où j'aurais à marcher plus tard. Oh! comme son cœur battait, lorsque, après l'école, elle voyait l'enfant revenir content et gai, comme on l'est à cet âge, vêtu de sa petite blouse serrée d'une ceinture de cuir, un béret sur sa blonde chevelure, son carton suspendu à l'épaule par un bout de filet!

Puis vint le temps de l'apprentissage. Je me réjouissais dans la pensée que bientôt je rendrais à celle de qui j'avais tout reçu quelque chose de ce que sa tendresse inépuisable m'avait donné. Je me voyais, dans mes rêves, lui apportant le fruit de mon premier travail, et lui disant : Mère, à moi le labeur maintenant, et à vous le repos.

Hélas! elle avait épuisé en peu d'années sa vie entière. Celui qui, du ciel, s'était fait le soutien, le consolateur de la pauvre veuve la rappelait à lui. Son déclin fut rapide. Elle s'éteignit enfin dans mes bras. Près de passer, ses lèvres muettes me souriaient encore, et son regard mourant me bénit une dernière fois.

Lorsqu'on la descendit dans la fosse, et que la terre, en tombant, rendit un son toujours, toujours plus sourd, mon Dieu, mon Dieu, vous seul savez ce qui se passa en moi.

Désormais seul en ce monde, j'y étais comme n'y étant pas, me nourrissant de mes souvenirs, de vagues rêveries et d'espérances tristes.

Un jour, une lueur plus douce m'apparut au milieu de ces ombres. Sur ma route solitaire, la Providence guida une jeune fille orpheline comme moi. La rosée du printemps est moins pure que n'était son cœur. Après un premier regard, nos yeux se baissèrent, et notre silence seul parla. Nos âmes, se penchant l'une vers l'autre, s'unirent en ce moment pour jamais.

Non, le ciel, dans ses plus saintes joies, n'a rien au-dessus des heures ravissantes qui s'écoulaient dans nos entretiens. Je lui disais : Nul ne s'intéresse ni à toi ni à moi; le monde est pour nous un désert. Pauvre petite tourterelle des bois, j'irai chercher ta nourriture et te bâtirai un nid où tu reposeras à l'abri du froid et de l'orage.

Elle répondait : Et moi, occupée d'autres soins pendant ton absence, je te délasserai, au retour, de tes fatigues par mes caresses : mais, ô mon bien-aimé ! reviens vite.

Je me consumais dans mes désirs ; elle, plus sage, réprimait mon ardeur, disant : Il faut songer à ceux qui viendront ; faisons-nous d'abord quelque épargne.

Le terme de cette longue attente approchait lorsque voilà le travail qui manque. On retranche sur le salaire, on retranche encore : prends cela ou meurs de faim.

Nous n'avons que nos bras, mais nos bras sont à nous ! Ainsi répondent les prolétaires. Ils se concertent pour vivre : on les jette en prison.

Justice des hommes, comme tu trembleras dans ta peur quand se lèvera la justice de Dieu.

Le reste est un rêve funèbre.

Après des semaines de secret, je la revis deux fois, trois peut-être, à travers les grilles du cachot. La dernière fois, ses yeux creusés brillaient d'un feu étrange, ses genoux fléchissaient, elle se soutenait à peine.

Puis, je ne la revis plus.

O ma mère ! ô ma bien-aimée ! Est-ce vous que j'aperçois là-haut dans cette lumière ? Qui m'appelle ? Est-ce vous ? Ne me quittez pas, oh ! ne me quittez pas ! Je sens mes liens qui se brisent : un moment, un moment encore, et nous serons réunis.

Mon Dieu, ayez pitié du pauvre prolétaire !

IV

Dans une salle vaste et sombre, autour d'une table recouverte d'un tapis vert parsemé de taches noires, des hommes étaient assis à quelque distance d'un autre qui paraissait être leur chef.

Ses joues d'un jaune terreux reflétaient une lumière livide, qui rendait plus sinistre encore l'oblique regard de ses yeux fauves. Son front pelé fuyait en arrière : on eût dit une tête de vautour.

Et le Vautour disait : Comment ferons-nous? Il n'est pas aisé de les atteindre, car il n'y a rien au fond ; mais ils inquiètent nos maîtres, et nos maîtres nous ont dit : Que faut-il de plus? Le reste vous regarde.

Un des autres répondit : N'est-ce que cela? Eh bien, nous mentirons.

J'y pensais, dit le Vautour. Et puis j'ai mon coq d'Inde, qui glousse et se courrouce si pathétiquement.

Cependant, si l'on ne nous croit pas? La foi en nous est bien usée et ce qu'ils appellent conscience se roidit davantage de jour en jour contre notre parole.

Que trois seulement nous croient, dit le premier et cela suffira.

Oui, reprit le Vautour, mais voudront-ils croire? Avant d'aller plus loin, il faut s'en assurer. Faisons-les venir.

Ils vinrent bientôt. Celui qui marchait devant était comme masqué, et lorsqu'il parlait, sa voix sans accent, sans inflexions, ressemblait au son clair et mort d'un instrument de métal.

Le Vautour lui dit : Ceci est de confiance. Chacun de vous sait ce qu'il désire, et vous savez ce que je peux. Croirez-vous?

Nous croirons tout, dit la voix de métal, et de plus, impartialement, je ferai croire douze autres.

Bien ! dit le Vautour. Point de rouge au front, mais plus bas : comptez-y.

V

C'était un soir d'automne : une tiède brise venait du couchant, souffle léger des mers endormies. Le soleil flottait à l'horizon dans un océan de vapeurs diaphanes. Des nuages d'un bleu sombre, fleurs aériennes, étalaient sur leurs bords des corolles de mille formes, teintes de couleurs sans nombre, dont les nuances mélangées se perdaient dans un fluide d'or. Le goëland effleurait de son aile les flots calmes et, sur la grève, l'hirondelle marine poussait son cri plaintif, seul bruit qu'on entendît avec celui de la vague expirante au pied des rochers. Au-dessus, la masse noire de la prison projetait au loin son ombre gigantesque.

Et peu à peu l'air devenait comme une eau qui se trouble, et le crépuscule étendait son voile toujours plus obscur sur le faîte du mont.

Une voix sortait des entrailles de l'onde et s'élevait vague, immense, semblable aux soupirs de l'Esprit de l'abîme, et, des hauteurs du roc solitaire; une autre voix, se mêlant à cette voix, s'en allait à travers la nuit mourir sur la plage déserte.

Et celle-ci disait :

Ils ont enchaîné le corps, mais l'âme se rit d'eux, elle est libre !

Parce que je t'aimais, ô ma patrie ! parce que je te voulais grande, heureuse ; ceux qui te trahissent m'ont jeté dans ce cachot.

Ils ont enchaîné le corps, mais l'âme se rit d'eux, elle est libre !

Elle est libre et se rit d'eux, vils esclaves de leur bassesse même, serfs infâmes de la peur, à jamais ensevelis dans leur lâcheté et murés dans leurs crimes.

Ce qu'ils ont là en leur puissance, qu'est-ce ? Rien. Aujourd'hui un peu de chair, demain une poignée de cendres.

Leurs verrous arrêtent-ils ma pensée, mon amour ? M'empêchent-ils d'être au milieu de vous, frères ? et votre vie, n'est-ce pas ma vie ?

Quand vous souffrez, je souffre avec vous ; quand vous luttez, je lutte avec vous ; il y a comme un souffle invisible qui passe de vous en moi, et de moi en vous. Qu'ils le saisissent s'ils peuvent !

Ils ont enchaîné le corps, mais l'âme se rit d'eux, elle est libre !

La voix se tut quelques instants ; ensuite elle reprit :

Comme au dehors tout se tait, tout repose ! Au milieu de ce silence, quelque chose en passant effleure l'ouïe attentive; est-ce un son, ou le rêve d'un son ?

Tandis que la terre, les eaux et les airs assoupis se peuplent de songes, que la vie se ranime au sein du sommeil, dans ses mols embrassements, mes souvenirs à moi se réveillent et m'emportent dans les temps qui furent et ne seront plus jamais

Que le soleil était beau et la nature riante ! Qu'elle était vive et douce et pure, la joie de l'enfant assis près de la haie d'églantiers et d'épine odorante, prêtant l'oreille au vague murmure des feuilles agitées, des jeunes rameaux qui plient et se relèvent, ou s'égarant dans le taillis épais déchiré par les ronces ou poursuivant, la main à demi avancée, tremblant et respirant à peine, l'insecte au long corsage, aux ailes transparentes, sur les joncs des bords de l'étang !

Nul regret dans le passé, nul souci dans l'avenir : de limpides horizons semés parfois de légers nuages, que bientôt chassaient des brises parfumées.

Te souvient-il, ma sœur, de nos courses du matin sur l'herbe baignée de rosée, de nos jeux dans les bois, et des nids auxquels, presque en larmes, tu me défendais de toucher à cause de la pauvre mère ?

Et les jours et les ans coulaient, et, retirée en elle-même, émue de tristesses et de joies inconnues, l'âme étendait ses ailes mystérieuses sur une vie nouvelle près d'éclore.

Et après les rêves enchantés, les ardeurs, les tendresses, les enivrements du jeune âge, vinrent les sévères devoirs de l'homme, le grand, le saint combat où tomber c'est vaincre, où mourir c'est revivre.

Et ils sont tombés, et ils ont vaincu, ceux que je vis frappés de la balle, ou percés à terre par l'épée du lâche.

Et ils sont tombés, et ils ont vaincu, ceux encore qui, en murmurant d'une voix éteinte le nom de la patrie, expirèrent, après de longues tortures sur la paille des cachots.

Troupes glorieuses des forts, vous êtes là près de moi, et vous me dites : Entends-tu, frère, les vieux martyrs qui d'en haut nous appellent ? Couronnés de splendeur, ils s'en vont, messagers divins, de sphère en sphère, chantant le cantique de l'avenir.

Une vertu émane d'eux, pénètre au cœur du peuple, et ses battements deviennent plus pressés, et la terre et les cieux tressaillent, et les mondes, palpitant au sein de l'immensité, se disent l'un à l'autre : Une grande justice va se faire ; avez-vous senti passer le souffle de Dieu ?

La voix se tut de nouveau, comme perdue dans le vague de l'espace. Puis, tout à coup, vibrant avec force :

Ils ont enchaîné le corps, mais l'âme se rit d'eux, elle est libre.

VI

Seigneur, vos décrets sont impénétrables. Qui a descendu dans les profondeurs de votre justice et dans les abîmes de votre science?

Votre sagesse a des secrets cachés au fond de l'éternelle lumière qui vous illumine intérieurement, et les plus élevées de vos créatures ressemblent au petit oiseau qui voltige sur les bords de l'Océan immense.

Toutefois, Seigneur, dans votre bonté, dans votre condescendance de père, permettez que votre serviteur vous supplie de dissiper un doute qui l'obsède et d'apaiser le trouble de son cœur.

Après des jours sombres et de violents orages, la terre reverdissait, les arbres se couvraient de fleurs, l'espérance germait dans tous les sillons. On n'entendait que des voix qui disaient : Vous qui souffrez, essuyez vos pleurs, la source en va tarir enfin. Ne sommes-nous pas frères? Nul, au temps de la moisson, ne s'en ira le soir les mains vides et l'âme triste.

La patrie grande et forte relèvera sa tête humiliée ; la loi régnera souverainement dans sa majesté inviolable, et la liberté fleurira sur les derniers débris d'institutions iniques.

Seigneur, n'est-ce pas là ce qu'on disait ?

Mais vous aviez d'autres desseins.

. . . .

Seigneur, voilà ce qui me trouble et ce qui trouble aussi beaucoup d'autres. Les peuples se regardent avec étonnement, et ils se demandent où donc est votre justice, où votre providence ?

Qu'ils se demandent plutôt s'ils étaient prêts, si le monde était prêt pour le bien qu'ils appellent et que je leur réserve.

Qu'est-ce que le droit ? Le savent-ils ? Savent-ils ce qu'est le devoir ? En ont-ils en eux la racine ? Ils veulent la liberté, et ne savent pas que la liberté, c'est l'oubli de soi, le dévouement mutuel ; que la liberté c'est l'amour. Non, il leur fallait encore cette épreuve.

. . . .

Fils du temps, tout te paraît long : va, et redis aux peuples ce que tu viens d'entendre.

VII

Quelques rayons de soleil, glissant à travers les vases de fleurs posés en dehors de l'étroite fenêtre, pénétraient dans la petite mansarde, et, reflétés par le papier d'une teinte jaune qui recouvrait les murs, veloutaient d'un rouge d'or les objets noyés dans une moelleuse lumière.

Une jeune fille, simple en ses vêtements, parée de ses seuls cheveux ondoyants comme les plantes suspendues aux parois des rochers, qui se soulèvent et retombent au souffle de la brise, suivait avec l'aiguille les contours d'un dessin tracé sur une toile légère. Son visage était pâle ; il y avait, non de la tristesse, mais une sorte de rêverie mélancolique et vague dans ses yeux, que voilaient de longs cils noirs, et sur son front une pureté céleste.

Quelquefois elle cessait un moment son travail, sa tête virginale se relevait comme un lis sur sa tige flexible, et ses regards, étrangers aux choses du dehors, se repliaient en elle-même et contemplaient là tout un monde visible à elle seule.

Égarés au loin sur des perspectives indéfinissables, ils s'allaient perdre en des horizons perdus eux-mêmes dans l'indécise lueur de l'espace sans bornes. Une nature dont la nôtre n'est que l'ombre étalait et ses riches couleurs et ses formes ravissantes, et de son sein fécond s'exhalait, pure, suave, une haleine de vie qu'aspirait avec volupté l'innombrable multitude des êtres.

Et l'air, animé par la voie de ces êtres, palpitait : des mers, des lacs, des fleuves, des savanes, des rochers, des bois, sortaient toutes ensemble les mille et mille voix dont se formait cette voix universelle, et, s'unissant et se pénétrant, leur divine harmonie, propagée en tous sens dans les plaines éthérées, y déroulait ses ondes immenses.

Et, retirée en elle-même plus avant encore, la jeune fille entendait au dedans de son âme, dans ses secrètes profondeurs, des sons mystérieux et des paroles qui ne sont point de la langue des hommes. Alors tout le reste se voilait ; sa pensée saisissait ce qui n'a point de forme apparente, son amour embrassait une beauté invisible, près de laquelle toutes les autres s'effacent, et mourait et renaissait par un flux et reflux du feu qui consume la vie et qui la renouvelle, qui est la vie même dans son impérissable essence.

Et le temps s'évanouissait avec les réalités fugitives dont il mesure la rapide durée, et, plongée en celui de qui tout sort, vers qui tout revient, l'âme s'abreuvait de lui dans le calme enivrant d'une ineffable extase.

VIII

Un jour, Satan rassembla les siens et leur dit : Nous avons beau tenter les hommes de mille manières, les pousser sur la pente où l'on descend si vite, notre œuvre avance peu ; ce que nous gagnons d'un côté, nous le perdons de l'autre. D'où vient cela ?

Chacune des puissances infernales, se vantant elle-même, accusait les autres, de sorte que, la colère et la haine s'allumant, on n'entendit bientôt plus que des sons discordants, des cris aigus, le sifflement d'haleines embrasées, mêlé d'accents de fureur, de menaces et de blasphèmes. Un combat horrible allait s'engager dans les gouffres ténébreux, lorsque le roi des légions tombées se dressant tout à coup, sa voix formidable et lugubre gronda comme un tonnerre souterrain.

Silence ! dit-elle ; et le silence se fit.

Ce que vous ne savez pas, reprit Satan, je le sais, moi. Nos efforts ont été en partie stériles, parce que, mal concertés, ils ont manqué d'ensemble. Chacun de vous, selon ses caprices, a semé ici et là, au hasard, sans calcul et sans prévoyance, et c'est pourquoi, au temps de la moisson, nous avons eu des épis et point de gerbes.

S'il continuait d'en être ainsi, autant vaudrait céder l'empire. Croyez-vous que Satan s'y résolve? Non, éternellement non.

Je veux bâtir la cité du mal, j'en veux jeter les fondements sur cette terre que me dispute une puissance rivale.

Pour cela, sans doute, il faut de l'audace; mais il faut aussi de la prudence. Ne précipitons rien. Etablissons d'abord un centre d'où rayonne notre action, d'où elle s'étende de proche en proche et s'insinue, par mille voies diverses, jusqu'aux extrémités de ce grand corps qu'ils appellent société. Soufflons dans ses entrailles le feu qui nous pénètre, et qu'il les dévore sourdement.

Des acclamations forcenées accueillirent ces paroles de Satan.

Et la terre, prise d'un soudain frisson, tressaillit; et le soleil se voilait, et l'air s'obscurcissait; des cimetières s'élevaient pesamment des vapeurs livides, grises et rousses, et l'on entendait dans le lointain comme des glas funèbres.

Et dans le lieu le plus bas d'une vaste

cité, dans une sorte de cloaque d'où s'exhalait une odeur d'immondices, je vis une multitude que je ne saurais nommer. Ces figures horribles avaient les traits de l'homme, mais n'en avaient pas l'expression. Leurs fronts déprimés, leurs joues terreuses, quelquefois striées de rouge ou semées de plaques violettes, portaient l'empreinte hideuse du crime lâche et du vice brutal. On lisait dans leurs yeux ardents ou vitrés, dans leurs obliques regards, tous les instincts de la bête de proie, de la méchanceté basse, l'astuce, la ruse, quelque chose du serpent, quelque chose aussi de l'hyène.

Il y en avait de toutes sortes et de toutes les apparences, depuis le mendiant couvert de haillons jusqu'à celui qui étale sur des habits splendides les signes prostitués d'une gloire menteuse et d'un honneur infâme.

D'un siége élevé, l'un d'eux, environné de chefs subalternes endurcis aux fatigues de l'enfer, dictait à la foule ses ordres. Il la divisa en deux bandes. L'une devait se montrer au grand jour, l'autre se glisser invisible dans les lieux publics et jusque dans le secret, partout sacré, du foyer domestique; et il leur fut commandé d'agir de concert, de se soutenir et de s'aider mutuellement.

Je ne sais quoi de repoussant, comme le sourire du mal, plissait les lèvres de celui qu'entouraient silencieuses toutes ces larves humaines.

A celles destinées à se cacher dans l'ombre, il dit :

Voici quels seront vos dieux : le mensonge, le parjure, l'hypocrisie, la corruption. Vous répandrez partout les soupçons, la défiance. Quelquefois aussi vous endormirez, pour la mieux conduire à vos fins, la simplicité crédule. Vous tromperez et vous trahirez. Vous fouillerez les cœurs pour y découvrir les germes du vice qu'ils peuvent recéler, et, au prix convenu, vous fournirez à chacun sa pâture. Procédez avec art, attirez, engagez, voilant les conséquences, jusqu'à ce qu'il n'y ait plus de retour. Et les besoins aussi, les besoins extrêmes, vous seront un puissant moyen. Vous direz à la faim : Vends-moi celui-ci, celui-là, et, si elle hésite, vous montrerez au père la fosse béante qui attend sa femme, ses enfants, et vous ferez retentir leurs cris d'angoisse à son oreille. Vous tendrez vos piéges sous les pas de l'homme candide, vous lui suggérerez des choses auxquelles il ne songeait en aucune façon, vous le pousserez en des voies périlleuses, et si vous échouez, comprenez bien ceci, vous créerez ce qui n'est pas. Allez. Et il leur jeta des pièces d'or, sur lesquelles ils se ruèrent avidement.

Aux autres il dit :

Vos dieux, à vous, seront la violence et la menace. Vous menacerez le faible, le pauvre, vous le désolerez de vos persécutions, vous lui ôterez le morceau de pain qu'il a trempé de ses sueurs, s'il ne se prête aveuglément à tout ce que vous voudrez de lui.

Qu'on obéisse avec la muette docilité de la bête de somme Qu'on pense comme nous, ou qu'on ne pense point, ou qu'on porte la peine d'une pensée rebelle.

Je vous ai choisis pour une œuvre conforme à votre nature. Vous aurez vos fêtes, où il y aura des pleurs, des blessures, du sang, du sang qui coulera sans danger pour vous, sans qu'on vous résiste, car c'est là notre courage à nous.

Cela dit, tous se dispersèrent, et la grande cité fut comme un arbre au pied duquel on a versé un liquide poison qu'il absorbe par ses racines, et qui, montant avec la séve, flétrit ses fleurs, ses fruits, ses feuilles, et gangrène ses branches desséchées.

Et il me semblait que j'étais livré à un rêve horrible, quand tout à coup un bruit confus me tira de ma stupeur. C'étaient des voix de colère mêlées de craquements, comme des membres brisés, des plaintes déchirantes et des rires sauvages, et je vis une foule de jeunes gens, d'enfants, meurtris, ensanglantés, qu'on pressait et qu'on entassait dans le cloaque d'où les bandes enivrées de l'esprit de Satan étaient sorties, et les portes bardées de fer s'ouvrirent et elles se refermèrent, et il se fit un affreux silence.

Et je fus transporté dans une salle obscure. Je reconnus celui qui commandait en ce lieu ; il n'était pas seul : près de lui s'empressaient et se serraient des spectres noirs avec lesquels il se concertait à voix basse.

Et après un peu de temps, les spectres noirs se retirèrent. Je voulus les suivre, mais ils disparurent dans des passages sombres et tortueux, où l'air corrompu m'étouffait.

Comme je méditais ces choses en moi-même, affaissé de tristesse et rempli d'effroi, voilà que cette même foule que j'avais vu traîner dans le cloaque reparaît à mes yeux, toujours investie des mêmes larves hideuses. Elles la poussaient, par une entrée étroite et basse, dans une sorte d'antre où j'aperçus des visages sinistres, tels qu'on en voit sur l'échafaud autour du patient, et j'entendis des sons aigus et rauques, et des moqueries féroces, et d'exécrables imprécations. et je me sentis plongé dans une vapeur épaisse et d'une odeur fade, semblable à celle qui s'exhale des tombes, et j'étais près de défaillir.

Et ceux qu'on avait jetés là pâlissaient d'heure en heure, et s'affaiblissaient et se courbaient. L'air refusait d'entrer dans leur poitrine haletante, et leurs os se choquaient comme des os de squelette, et l'on voyait, le matin, sans cortége, sans prières, emporter en silence quelque cercueil fugitif.

Et de mon âme, remplie d'une indicible angoisse, ce cri s'échappa :

Seigneur, Satan aurait-il vaincu?

Et une voix me dit : Regarde!

Et je levai les yeux, et vis dans la lumière divine les martyrs qui souriaient.

IX

C'était le jour de Saint-Sylvestre, le jour qui clôt cette série presque sans mélange de vaines pensées, d'espérances trompeuses, de soucis et de douleurs, qu'on appelle l'année.

Mon âme, prise de tristesse, cherchait Dieu, pour se reposer en lui quelques instants et y puiser, avec un peu de calme, les forces nécessaires au travail de la vie.

Une église était là, j'y entrai; et, comme je me recueillais en moi-même, tout à coup des paroles interrompues, brisées, frappèrent mon oreille. La voix qui jetait cette espèce de cri ne sortait pas de la poitrine, elle résonnait entre les os du crâne, sèche et perçante, semblable au cri aigu d'un verrou qu'on pousse, ou de clefs qui se choquent dans la main d'un geôlier.

Et mes regards se portant du côté d'où venait la voix, j'aperçus un homme âgé, maigre, de petite taille, dont les cheveux plats retombaient à la hauteur de ses lèvres pincées et minces, le long de ses joues creuses, et les yeux, recouverts de je ne sais quoi de transparent, scintillaient comme ceux de l'once.

Près de lui, à droite, était un esprit de lumière; à gauche, une affreuse lémure.

L'esprit de lumière disait : Sonde tes reins, compte, si tu peux, les iniquités amassées au fond de ta conscience, tant d'infâmes abus de ton pouvoir, d'innocents sacrifiés aux passions de ceux qui distribuent les faveurs, les richesses. Qu'as-tu fait de la loi? Qu'a été pour toi la justice? Un calcul d'intérêt, rien de plus. Tu as trafiqué des souffrances et des pleurs, et de la vie du faible; pour monter, tu as mis le pied sur son cadavre.

As-tu cru celer tes prévarications à Celui qui voit tout? Quand tu mentais solennellement, crois-tu que Dieu ne t'entendit pas? Crois-tu que son œil ne perçât pas le voile de ton hypocrisie détestable? Insensé! Le dernier de ses ministres te suivrait à l'odeur de crime qui s'exhale de toi, et tu as cru te cacher de lui dans la fange de ton âme.

La colère approche, la voilà tout près; jette entre elle et toi un repentir, s'il t'en reste.

Et le prévaricateur se tordait dans sa secrète angoisse: il cherchait en lui-même le repentir, et ne trouvait que le remords, et, à côté du remords, la peur.

La lémure, à son tour, mumurait: Laisse dire ce rêveur qui ne comprend rien à la raison d'Etat. Quel pouvoir subsisterait avec ces scrupules? Il est bon que quelques-uns meurent pour le salut de tous, et la grande morale tue la petite.

N'est-il pas écrit dans ton Livre : Obéissez aux puissances établies? Qui résiste aux puissances établies, qui les inquiète est donc coupable. Tu les punis de cela, le reste est de pure forme.

Est-ce que les autres ne font pas comme toi? Veux-tu qu'ils te dépassent? Veux-tu qu'ils te ravissent la récompense du zèle?

Tu as servi, sers mieux encore; il est trop tard pour reculer. Perdras-tu donc tes complaisances, tes veilles soucieuses, tes nuits troublées par cette voix interne qu'on n'étouffe jamais? Renonceras-tu au fruit convoité à l'instant où tu vas l'atteindre?

La lémure, se penchant à l'oreille de l'homme maigre et sec, ajouta quelques mots plus secrets que je ne pus saisir. L'homme maigre et sec semblait les recueillir avec une avidité convulsive. Je ne sais alors ce qui se passa en lui, mais je vis le front de l'ange de lumière s'obscurcir, ses yeux se détourner; une tristesse pleine d'horreur se peignit sur sa face, et, comme il s'élevait dans les airs cette parole résonna sous les voûtes sombres :

Maudit pour l'éternité!

X

Il avait allumé, près du talus, au coin du bois, un feu de bruyères, et, assis sur la mousse, le pauvre enfant, il réchauffait ses mains à la flamme pétillante.

La fumée, jaunie par de fauves rayons qui glissaient entre les nuages, montait dans l'air pesant. Il la regardait onduler comme un serpent qui gonfle et déroule ses anneaux, puis s'épandre en nappes brunes, puis s'évanouir dans l'épaisse atmosphère.

Plus de chants dans le buisson, plus d'insectes ailés étincelants d'or, d'émeraude, d'azur, promenant de fleur en fleur leurs amours aériens : partout le silence, un morne repos, partout une teinte uniforme et triste.

Les longues herbes flétries blanchissaient penchées sur leur tige : on eût dit le linceul de la Nature ensevelie.

Quelquefois un petit souffle, naissant et mourant presque au même moment, roulait sur la terre les feuilles sèches. Immobile et pensif, il prêtait l'oreille à cette voix de l'hiver. Recueillie dans son âme, elle s'y perdait comme se perdent le soir les soupirs de la solitude au fond des forêts.

Quelquefois aussi, bien haut dans les airs, une nuée d'oiseaux d'un autre climat passait au-dessus de sa tête, poussant des cris semblables aux aboiements d'une meute. Son œil les suivait à travers l'espace, et, dans ses vagues rêveries, il se sentait entraîné comme eux en des régions lointaines, mystérieuses, par un secret instinct et une force inconnue.

Enfant, déjà tu aspires au terme : prends patience, Dieu t'y conduira.

XI

C'était au milieu de la nuit, d'une nuit sombre, pleine d'horreur, et je ne dormais pas, et je ne veillais pas non plus; mon âme errait en des régions que je ne saurais dépeindre, obscures, froides, tristes, où passaient et repassaient non des êtres, mais des fantômes d'êtres.

Soudain il me sembla qu'un souffle m'emportait sur des pentes escarpées, entre des roches nues, semées çà et là comme les ruines d'un monde écroulé; et l'air devenait moins épais, et je ne sais quelle pâle lueur éclairait au-dessous une plaine couverte d'une grande multitude.

Elle allait et venait, agitée d'un mouvement confus, pareille à une mer dont les flots, que poussent et repoussent des vents opposés, se croisent en tous sens, et, se brisant sur le rivage, y laissent une longue bande d'écume sale.

Et celui dont le souffle m'avait porté là me dit :

Ainsi deviennent les peuples en qui la vie d'en haut s'est éteinte, où chacun, courbé vers la terre, n'aspire qu'à ce qu'elle peut donner, n'a de règle que ses convoitises, de but que soi.

Vois cette poussière d'hommes : ce fut autrefois une nation. Qu'en reste-t-il?

Plus de lien, plus de croyances, plus de commune pensée, plus d'amour; tout est mort en elle, excepté les appétits de la bête; elle a tout perdu, jusqu'à l'instinct de ses destinées.

Cherche en elle quelque trace du sentiment d'elle-même, de dignité, d'honneur, d'élan généreux, de ce qui fait qu'on meurt pour mériter de vivre; frappe sur sa poitrine, elle sonne creux.

Je l'ai livrée pour son châtiment au génie même de la bassesse, à la plus abjecte tyrannie qui ait jamais étouffé dans sa fange un peuple qui n'en est plus un.

. . . .

. . . .

. . . .

Il y avait dans la voix moins encore de reproche que de douleur et de tristesse amère.

Après un court silence : Qu'y a-t-il là, dit-elle, qui soit de l'homme? Regarde : cela se meut; mais les brutes aussi se meuvent, et les vers se meuvent.

Peuple naguère si grand, que tous les autres contemplaient marchant sur des hauteurs, et, couronné de lumière, leur ouvrant la route de l'avenir, qu'es-tu devenu? Qu'as-tu fait de mes dons?

Ma main t'avait béni, j'avais versé en toi une vertu puissante, je t'avais choisi pour accomplir mon œuvre.

Et maintenant!

Mais tu n'es pas descendu de toi-même; on t'a lié pendant ton sommeil, puis on t'a roulé sur la pente.

Sans défiance et sans prévoyance, tu as bu à la coupe envenimée qu'on te présentait : c'est pourquoi tu revivras.

Qui jamais prévalut contre moi?

J'ai déposé au fond du mal même le germe impérissable de biens qui se développent en leur temps; comme sur le lit des mers, j'ai semé une moisson invisible de plantes, qui peu à peu montent du fond de l'abîme et s'épanouissent à sa surface

XII

L'automne n'a point de plus belles journées. La mer scintillait au soleil; chaque goutte d'eau reflétait, comme une pointe de diamant, une lumière blanche et pure, que l'œil supportait à peine. Du village déserté, hommes, femmes, enfants, arrivaient en foule sur les dunes, où, mêlé au thym, l'œillet sauvage, aux fleurs violettes, exhalait son parfum de girofle.

Munis de paniers, de légers filets, de

pelles et de longs bâtons armés d'un crochet de fer, ils attendaient que la marée laissât à découvert la vaste grève et ses rochers, pour recueillir le riche butin préparé par la Providence, le lançon argenté qui glisse dans le sable humide, les crabes voraces, et les homards aux larges pinces, et la crevette, et la moule nacrée, et les coquillages de toute sorte.

Vers le soir, à l'heure où le flux accourt comme un fleuve gonflé par les pluies, la troupe joyeuse regagnait le village. Mais tous n'y revinrent pas.

Plongée dans les songes de son cœur, une jeune fille s'était oubliée sur un rocher lointain. Lorsqu'elle sortit de sa rêverie, le flot déjà serrait le rocher de ses nœuds mobiles, et montait, et montait toujours. Personne sur la grève, point de secours possible.

Que se passa-t-il alors dans l'âme de la vierge? Nul ne le sait, c'est resté un secret entre elle et Dieu.

Le lendemain, on retrouva son corps. Elle avait noué aux algues pendantes ses longs cheveux noirs, sans doute pour n'être pas emportée par la houle, pour reposer dans la terre bénite près des siens.

Une croix de bois marque dans le cimetière le lieu où elle dort. Souvent l'une de celles qui furent ses compagnes, agenouillée sur le gazon, prie pour elle, et, le cœur ému de souvenirs tristes, s'en va, le front baissé, en essuyant ses pleurs.

XIII

Il faisait une chaleur pesante. Un homme aperçut au bas d'un coteau une vigne chargée de grappes, et cet homme avait soif, et le désir lui vint de se désaltérer avec le fruit de la vigne.

Mais entre elle et lui s'étendait un marais fangeux qu'il fallait traverser pour atteindre le coteau, et il ne pouvait s'y résoudre.

Cependant la soif le pressant, il se dit : Peut-être que le marais n'est pas profond ; qui empêche que je n'essaye, comme tant d'autres? Je ne salirai que ma chaussure, et le mal, après tout, ne sera pas grand.

Là-dessus, il entre dans le marais, son pied enfonce dans la boue infecte, bientôt il en a jusqu'au genou.

Il s'arrête, il hésite, il se demande s'il ne serait pas mieux de retourner en arrière. Mais la vigne et ses grappes sont là devant lui, et il sent sa soif qui augmente.

Puisque j'ai tant fait, pourquoi, dit-il, reviendrais-je sur mes pas? Pourquoi perdrais-je ma peine? Un peu plus de fange, ou un peu moins, cela ne vaut guère désormais que j'y regarde. J'en serai quitte, d'ailleurs, pour me laver au premier ruisseau.

Cette pensée le décide; il avance, il avance encore, enfonçant toujours plus dans la boue; il en a jusqu'à la poitrine, puis jusqu'au col, puis jusqu'aux lèvres; elle passe enfin par-dessus sa tête. Etouffant et pantelant, un dernier effort le soulève et le porte au pied du coteau.

Tout couvert d'une vase noire qui découle de ses membres, il cueille le fruit tant convoité, il s'en gorge. Après quoi, mal à l'aise, honteux de lui-même, il se dépouille de ses vêtements, et cherche de tous côtés une eau limpide pour s'y nettoyer. Mais il a beau faire, l'odeur reste; la vapeur du marais a pénétré sa chair et ses os, elle s'en exhale incessamment et forme autour de lui une atmosphère fétide. S'approche-t-il, on s'éloigne. Les hommes le fuient. Il s'est fait reptile, qu'il aille vivre parmi les reptiles.

XIV

Mon père, le travail est rude aujourd'hui; le hoyau rebondit sur la terre desséchée; le soleil darde des rayons de feu;

soulevée par le vent du midi, la poussière tourbillonne dans la plaine.

Mon fils, celui qui envoie les souffles brûlants envoie aussi les nuées humides. A chaque jour sa peine et son espérance, et, après le travail, le repos.

Mon père, voyez ces pauvres plantes, comme elles languissent, comme leurs feuilles jaunies s'abaissent le long de la tige affaissée sur elle-même.

Elles se relèveront, mon fils ; pas un brin d'herbe n'est oublié ; il y a toujours pour lui dans les trésors célestes des pluies fécondes et de fraîches rosées.

Mon père, les oiseaux se taisent dans le feuillage; la caille, immobile aux creux du sillon, ne rappelle même plus sa compagne ; la génisse cherche l'ombre, et le taureau, les jambes repliées sous son corps pesant, le col tendu, dilate ses larges naseaux pour aspirer l'air qui lui manque.

Dieu, mon fils, rendra aux oiseaux leur voix, aux taureaux et aux génisses leurs forces épuisées par cette chaleur ardente. Déjà glisse sur les mers la brise qui les ranimera.

Mon père, asseyons-nous sur la fougère au bord de l'étang, près de ce vieux chêne dont les branches pendantes effleurent doucement la surface des eaux. Comme elles sont calmes et transparentes ! Comme les poissons s'y jouent gaiement! Les uns poursuivent leur pâture ailée, pauvres moucherons qui viennent d'éclore ; les autres, levant la tête, semblent, de leur bouche entr'ouverte, donner à l'air un mol baiser.

Mon fils, Celui qui a tout fait a répandu partout ses dons inépuisables, et la vie, et la joie de la vie. Le mal n'est qu'apparent, le côté obscur de l'amour, une face du bien, son ombre.

Cependant, mon père, vous souffrez. Que de labeur, que de fatigue, afin de pourvoir à nos besoins! N'êtes-vous pas pauvre? Ma mère n'est-elle pas pauvre? Ce sont vos sueurs qui m'ont nourri ; et fûtes-vous un seul jour assuré du lendemain?

Qu'importe le lendemain, mon fils? Demain est à Dieu ; confions-nous en lui. Qui se lève le matin ne sait pas s'il atteindra le soir. Pourquoi donc se troubler, s'inquiéter d'un temps qui ne viendra point peut-être? Nous passons ici-bas comme l'hirondelle, cherchant chaque jour la vie de chaque jour, et comme elle, quand l'hiver approche, une force mystérieuse nous attire en de plus doux climats.

Qu'est-ce que ceci, mon père? on dirait un mort serré dans son linceul, ou un enfant enveloppé de ses langes?

Mon fils, c'était un ver rampant, ce sera

bientôt une fleur vivante, une forme aérienne, qui, diaprée des plus vives couleurs, montera vers les cieux.

XV

Oh ! qui me rendra ma vallée natale et mes rochers, et les grands pins semés sur leurs pentes, et les prés verdoyants où, dans une eau limpide cachée sous l'herbe en fleur, mes pieds se mouillaient à la fonte des neiges ?

Entre la terre et moi, pauvre enfant de la montagne, ils ont mis une épaisse muraille et des barreaux de fer.

Quand je parus devant eux, ils me dirent : De quoi vis-tu ?

De mon travail, mais tous à présent le refusent, et je n'ai plus qu'à mourir de faim.

Tu meurs de faim ! Délit. Et ta demeure ? As-tu une demeure ?

Toutes les portes m'étant fermées faute d'argent, le soir venu, je cherche un abri là où me conduit la Providence.

Tu n'as point de demeure ! Délit. La loi est expresse, la prison.

Imposteurs, qui vous dites les disciples du Fils de l'homme, de celui qui, traversant ce monde, pauvre et abandonné, n'y eut pas une pierre pour reposer sa tête, voyez au-dessus de vous son image s'animer, sa bouche s'ouvrir avec une sainte colère, pour vous maudire et maudire vos lois.

Est-ce que l'air et le soleil ne sont pas à tous ? Est-ce que Dieu a bâti des geôles pour aucune de ses créatures ?

Pâtres de mon pays, réjouissez-vous dans vos humbles cabanes. L'indigence là n'est pas un crime, et le passant y trouve toujours un peu de lait et de pain noir pour apaiser sa faim, et des feuilles sèches pour reposer dessus.

Qu'ils s'écoulaient heureux au milieu de vous, mes frères, les jours de ma jeunesse ! Comme mes pensers flottaient mollement dans le vague de l'âme assoupie, lorsque, assis sur la pelouse, au pied d'une roche vêtue de mousse verte, j'aspirais l'odeur enivrante de nos plantes parfumées, et prêtais l'oreille au doux chant de la grive, au bruit du torrent qui roulait et se brisait sur les cailloux au fond du ravin !

Comme ces souvenirs se pressent en moi ! Je vois les nuages légers fuir sur les flancs des monts, se plier et replier en mille formes bizarres, puis monter vers leur crête et l'entourer d'un noir diadème.

Qu'est-ce là-haut que ce point perceptible à peine ? C'est l'aigle qui déploie dans l'immensité son vol puissant et calme. Il est libre, lui !

Et le chamois aussi est libre sur ses rocs solitaires, et l'ours est libre dans sa caverne, et l'oiseau dans les bois, et l'insecte dans l'herbe.

Oh ! que ne suis-je l'insecte dans l'herbe, l'oiseau dans les bois, l'ours dans sa caverne, et le chamois sur ses rocs solitaires !

Pas une seule créature qui n'aille et vienne comme il lui plaît, et ne respire sous le ciel un air que nul ne lui mesure.

Il n'en est pas ainsi du pauvre; le pauvre est proscrit, il est le paria de la création.

Qui me l'eût dit, ô mon Dieu ! que je pleurerais d'être homme ?

XVI

Au fond d'une petite anse, sous une falaise creusée à sa base par les flots, entre les rochers où pendaient de longues algues d'un vert glauque, deux hommes, l'un jeune, l'autre âgé, mais robuste encore, appuyés contre une barque de pêcheur, attendaient la marée qui montait lentement, à peine effleurée par une brise mourante. Se gonflant près du bord, la lame glissait mollement sur le sable avec un murmure faible et doux.

Quelque temps après, on voyait la barque s'éloigner du rivage et s'avancer vers la haute mer, la proue relevée, laissant derrière elle un ruban d'écume blanche.

Le vieillard, près du gouvernail, regardait les voiles qui tantôt s'enflaient, tantôt s'affaissaient, comme des ailes fatiguées. Son regard alors semblait chercher un signe à l'horizon et dans les nuées stagnantes. Puis, retombant dans ses pensées, on lisait sur son front bruni toute une vie de labeur et de combat soutenu sans fléchir jamais.

Le reflux creusait dans la mer calme des vallons où se jouait la pétrelle, gracieusement balancée sur les ondes luisantes et plombées. Du haut des airs, la mauve s'y plongeait comme une flèche, et sur la pointe noire d'un rocher le lourd cormoran reposait immobile.

Le moindre accident, un léger souffle, un jet de lumière, variait l'aspect de ces scènes changeantes. Le jeune homme, replié en soi, les voyait comme on voit en songe. Son âme ondoyait et flottait au bruit du sillage, semblable au son monotone et faible dont la nourrice endort l'enfant.

Soudain, sortant de sa rêverie, ses yeux s'animent, l'air retentit de sa voix sonore :

Au laboureur les champs, au chasseur les bois, au pêcheur la mer et ses flots, et ses récifs et ses orages!

Le ciel au-dessus de sa tête, l'abîme sous ses pieds, il est libre, il n'a de maître que soi.

Comme elle obéit à sa main, comme elle s'élance sur les plaines mobiles, la frêle barque qu'animent les souffles de l'air!

Il lutte contre les vagues et les soumet, il lutte contre les vents et les dompte. Qui est fort, qui est grand comme lui!

Où sont les bornes de ses domaines? Quelqu'un les trouva-t-il jamais? Partout où s'épanche l'Océan, Dieu lui a dit : Va, ceci est à toi.

Ses filets recueillent au fond des eaux une moisson vivante. Il a des troupeaux innombrables qui s'engraissent pour lui dans les pâturages que recouvrent les mers!

Des fleurs violettes, bleues, jaunes, pourprées, éclosent en leur sein, et, pour charmer ses regards, les nuages lui offrent de vastes plages, de beaux lacs azurés, de larges fleuves, et des montagnes, et des vallées, et des villes fantastiques, tantôt plongées dans l'ombre, tantôt illuminées de toutes les splendeurs du couchant.

Oh! qu'elle m'est douce, la vie du pêcheur! que ses rudes combats et ses mâles joies me plaisent!

Cependant, ma mère, quand, la nuit, le grain tout à coup ébranle notre cabane, de quelles transes votre cœur est saisi! Comme vous vous relevez toute tremblante pour invoquer la Vierge divine qui protége les pauvres matelots!

A genoux devant son image, vos pleurs coulent pour votre fils poussé par le tourbillon dans les ténèbres, vers les écueils où l'on entend les plaintes des trépassés mêlées à la voix de la tempête.

XVII

Lamentation sur la race déchue, sur la race dont les autres disaient en levant la tête pour la contempler dans sa grandeur : Elle est digne d'être notre guide; qu'elle marche la première, nous la suivrons comme le génie même de l'humanité.

Elle s'en allait appelant les peuples à la vie nouvelle, leur enseignant par sa parole, par ses glorieux exemples, la loi qui relève les petits, fortifie les faibles, et les unit tous dans l'égalité sainte, la liberté, l'amour fraternel.

Les sceptres craquaient sous ses pieds, et les couronnes, roulant à terre, ressemblaient au cerceau avec lequel se joue l'enfant.

Le soldat, laboureur divin, semait sur les champs de bataille le salut des nations affranchies. Au seul bruit de sa venue, les fers de l'esclavage s'agitaient et se rompaient d'eux-mêmes; quelque chose d'inconnu se remuait en lui; il commençait à se sentir homme.

Tel qu'une fraîche brise du soir, l'espérance pénétrait sous le toit du pauvre; des songes de paix et de joie le consolaient dans son sommeil; il voyait une forme radieuse lui sourire et sourire aux siens, et verser sur eux une rosée féconde, pareille à celle qui ranime les plantes qu'a flétries l'ardeur d'un ciel embrasé.

Partout les cœurs se dilataient, s'ouvraient à l'allégresse; partout ils palpitaient d'un mystérieux pressentiment.

Que l'horizon était riche et pur! comme le regard s'y reposait doucement! comme les biens s'enchaînaient aux biens, sans fin, sans terme, au fond de ces limpides perspectives!

Soudain, le spectre du passé, tout couvert d'une poussière fétide, sort de la tombe et se dresse devant le peuple libérateur. Il pose la main sur sa poitrine, et le sang se fige, et le cœur cesse de battre; il lui souffle son haleine et le vertige le saisit, ses genoux chancellent, ses pensées se troublent ; il a perdu jusqu'au souvenir de ce qu'il était naguère, la sympathie qui le liait aux autres, le sentiment de soi. Dégradé par la corruption, il livre stupidement ses pieds aux entraves et son col au joug.

Le voilà courbé vers la terre, et la creusant, et la fouillant, sans autre souci que de satisfaire une convoitise brutale : et plus croît son labeur, plus il devient pour lui stérile. Il se fatigue et d'autres récoltent, pareil à l'animal immonde à qui l'on enlève, à peine découvert, le fruit qu'il a flairé dans le sol.

Lamentation sur la race déchue !

XVIII

Voici ce que j'ai dit, moi le Seigneur Dieu :

Malheur aux nations qui m'oublient, aux peuples qui rompent avec moi !

Parce que tu m'as banni de tes pensées et rejeté de ton cœur, que tu n'as voulu d'autre maître que toi-même ;

Parce que tu t'es enveloppé dans ton orgueil comme un roi de théâtre dans son manteau de pourpre ;

Parce que tu as choisi les sens pour tes

conseils, que tu as dit aux convoitises: Soyez ma loi; et à la matière: Sois mon bien;

Parce que tu as renoncé à tout ce qui te faisait grand;

J'ai versé sur toi des ténèbres froides, pleines de vains fantômes; je t'ai envoyé l'esprit de vertige, et l'esprit de mensonge, et l'esprit de peur.

Je t'ai ôté l'intelligence et jusqu'au désir de la liberté.

Du cloaque où croupissent et fermentent les balayures de tes cités, les consciences corrompues, les âmes pourries, j'ai fait monter ce qu'il y a de plus vil, de plus abject, de plus immonde pour dominer sur toi.

Je t'ai abaissé au-dessous de ce que jamais on vit de plus bas. Je t'ai courbé sous le fouet et le bâton: je t'ai rendu enviable le sort même de la bête de somme, qu'on n'enferme point en des cachots, qu'on ménage, parce qu'elle a un prix.

Je t'ai jeté comme un jouet aux autres peuples, je t'ai livré à leur insulte et à leur risée. En passant, ils te regardent avec dédain gisant à terre, et te poussent du pied. Réponds-moi, est-ce assez d'opprobre?

Une fièvre ardente dévore tes entrailles, et, pour trouver la source où s'apaisera ta soif, tu t'en vas sous le soleil, pauvre insensé, fouillant et creusant le sable brûlant.

La faim dévore tes fils et tes filles; on les a vues, pour vivre, ramasser dans la boue le pain de la prostitution.

Est-il une misère qui ne soit tienne? une douleur qui ne pèse sur ton corps, sur ton âme, une honte que l'on t'ait épargnée?

Mon joug t'importunait, tu l'as secoué, tu m'as renié pour père : te voilà tel que tu l'as voulu, sans autre règle que tes appétits, sans autre lumière que leurs ténèbres, sans autre force que celle de tes muscles et de tes os.

Tu t'es fait brute, on te traite comme la brute. Ceux qui ont dit : Faisons de lui notre proie, enfoncent dans ta chair leurs ongles aigus. Crie à tes prophètes qu'ils te sauvent s'ils peuvent.

Comprendras-tu enfin que la vie vient de moi, qu'elle est le souffle même de ma bouche?

Ouvre les yeux, suscite en ton cœur une sincère repentance, et j'étendrai ma main, la main qui t'a frappé, et elle te relèvera, et tes oppresseurs à leur tour sentiront le poids de ma justice, et tu seras encore le peuple de mon choix, le peuple que tous les autres, dans l'attente de l'avenir mystérieux, regarderont avec espérance.

XIX

Ils se sont dit : Nous détruirons le Bien, nous en étoufferons le germe, même au fond des âmes. Que si quelqu'un ose élever la voix pour le défendre, pour en rappeler aux hommes le souvenir, nous l'ensevelirons dans nos cachots comme un malfaiteur, car nous avons la force, ou nous lancerons sur lui la meute affamée qui garde les abords du temple du Mal, qui, pour le morceau de pain qu'on lui jette dans la boue, aboie l'outrage et le mensonge.

Insensés! et quand vous feriez aujourd'hui ce que la mort fera demain, auriez-vous donc vaincu? Le Bien, est-ce un homme? Le Bien, c'est moi, dit le Seigneur Dieu.

Lorsque le Juste, cloué sur la croix, expira entre deux voleurs, les puissants d'alors, les politiques, les hypocrites, ceux qui dévoraient le peuple comme on dévore un morceau de pain, crurent à leur triomphe. Le lendemain les échos, d'un bout de la terre à l'autre, se renvoyaient une voix de salut sortie de la tombe du supplicié.

XX

Pourquoi courez-vous après des ombres? Pourquoi oubliez-vous votre véritable fin?

Des lueurs trompeuses, des voix mensongères vous attirent en des lieux stériles et désolés, où l'espérance elle-même s'éteint dans une nuit éternelle.

Les besoins de la chair, qui ne le sait? doivent être satisfaits; c'est la condition de l'existence. Mais les besoins, est-ce tout? Les appétits, est-ce tout?

N'êtes-vous que corps, pour chercher dans le corps le bien sans bornes, immense, auquel vous aspirez?

Demain, que sera ce corps? Un peu de cendre. Il s'en va chaque jour vers la fosse. Est-ce là la route de vos désirs?

La bête elle-même ne s'ensevelit pas tout entière dans les sens et les jouissances des sens. Elle a des instincts plus élevés, des joies plus intimes. Elle vous montre de loin, sans le connaître, le but vers lequel vous devez marcher.

Voulez-vous descendre au-dessous d'elle? et si vous le voulez, de quoi vous plaignez-vous? Se courbe-t-on si bas sans malaise? Peut-on combattre sa nature, la tuer sans souffrir?

Ce spectre noir, informe et muet qui vous étouffe dans ses embrassements, savez-vous son nom? Il s'appelle Matière.

Dis-leur ceci, car j'ai pitié de ce pauvre peuple.

Le corps, ce n'est pas l'homme, mais l'enveloppe de l'homme.

La vie, ce n'est pas le manger et le boire, mais l'intelligence et l'amour.

Les derniers êtres de la Création mangent et boivent, et cela leur suffit; l'homme pense, aime, se dévoue, se donne, pour que je me donne à lui, et qu'il trouve en moi, dans le Vrai, dans le Bien, dans le Beau, l'aliment de son âme, de ce par quoi il vit réellement.

Qu'est-ce que le reste? Peu de chose. Cherchez premièrement ma justice, et vous le recevrez de surcroît.

Malheur à qui erre au fond de la vallée, sur le bord des eaux croupissantes! Les épis destinés à apaiser votre faim ne croissent pas dans la fange; j'ai semé sur les lieux hauts le grain qui vous nourrira.

XXI

A l'heure où l'Orient commence à se voiler, où tous les bruits s'éteignent, il suivait lentement, le long des blés jaunissants déjà, le sentier solitaire.

L'abeille avait regagné sa ruche, l'oiseau son gîte nocturne; les feuilles immobiles dormaient sur leur tige; un silence triste et doux enveloppait la terre assoupie.

Une seule voix, la voix lointaine de la cloche du hameau, ondulait dans l'air calme.

Elle disait : Souvenez-vous des morts.

Et, comme fasciné par ses rêves, il lui semblait que la voix des morts, faible et vague, se mêlait à cette voix aérienne.

Revenez-vous visiter les lieux où s'accomplit votre rapide voyage, y chercher les souvenirs de douleurs et de joies qui ont passé si vite?

Comme la fumée, qui sort de nos toits de chaume et se dissipe soudain, ainsi vous vous êtes évanouis.

Vos tombes verdissent là-bas sous le vieil if du cimetière. Quand les souffles humides du couchant murmurent entre les hautes herbes, on dirait des esprits qui gémissent. Epoux de la mort, est-ce vous qui tressaillez sur votre couche mystique?

Maintenant vous êtes en paix : plus de soucis, plus de larmes; maintenant luisent pour vous des astres plus beaux; un soleil plus radieux inonde de ses splendeurs des campagnes, des mers éthérées et des horizons infinis.

Oh! parlez-moi des mystères de ce monde que mes désirs pressentent, au sein duquel mon âme, fatiguée des ombres de la terre, aspire à se plonger. Parlez-moi de Celui qui l'a fait et le remplit de lui-même, et seul peut remplir le vide immense qu'il a creusé en moi.

Frères, après une attente consolée par la foi, votre heure est venue. La mienne aussi viendra, et d'autres, à leur tour, la journée de labeur finie, regagnant leur pauvre cabane, prêteront l'oreille à la voix qui dit : Souvenez-vous des morts.

Note des éditeurs. — Nous ne saurions mieux compléter ce volume qu'en empruntant à Lamennais quelques-unes des études philosophiques qu'il a publiées en 1837. Les publicistes de notre époque feront bien de les relire: ils y trouveront de sains et fortifiants conseils, présentés dans un style qui a laissé de trop rares héritiers; ils se diront que la raison et le génie, dans leur éternelle et splendide jeunesse, traversent les âges en éclairant la marche de l'humanité, en lui prêchant la foi, l'espérance et l'amour, les seules sources du véritable progrès.

DU PROGRÈS.

Il faut que la force secrète qui porte en avant l'humanité soit bien puissante pour que les peuples ne se découragent point, pour que leur esprit si souvent trompé n'expire pas dans le vide des discussions de pure politique. Hors quelques rares moments où la société, se transformant, renouvelle ses institutions, ses lois, pour atteindre un but qu'elle s'est proposé, la politique n'est guère que la lutte incessante de quelques intérêts privés, le stérile combat de passions égoïstes qui se disputent le pouvoir et les avantages du pouvoir. Ces mesquines querelles qui, par leur nature, excluent toute pensée grande et toute sympathie généreuse, emprisonnent les esprits dans le cercle étroit de petits calculs et de petites intrigues qu'on décore du nom d'habileté, dessèchent l'âme et l'aigrissent, et remuent en elle tous les bas et vicieux instincts qui de mille manières s'opposent au véritable progrès social, car le progrès social a dans toutes ses branches, pour principe générateur, le progrès moral, le développement interne et l'effective amélioration de l'homme dans les parties les plus élevées de son être. La pure politique, qui ne tient compte que des choses matérielles, par cela même repose sur l'égoïsme pur, et voilà pourquoi ces deux mots, ruse et force, lesquels la résument tout entière, remplacent les deux mots divins de justice et d'humanité, bannis à jamais de sa langue, parce qu'ils n'ont pour elle aucun sens. Elle affecte même de mépriser souverainement ceux qui les prononcent avec foi. Ce sont, à ses yeux, des rêveurs, des gens d'un autre monde, auxquels on doit bien se garder de confier la conduite des affaires de celui-ci. Considérez l'histoire de notre temps et de tous les temps : quand est-ce que les fabricateurs de lois, les directeurs de la chose publique, délibérant au sein de leurs conseils, se sont posé à eux-mêmes ces questions: Cet acte est-il juste? cette loi est-elle humaine? Le plus grand bien de tous doit-il en être l'effet? Regardez près de vous; qui s'occupe des masses, de leurs souffrances si multipliées, de leur détresse si profonde? Qui s'est demandé seulement par quelles voies on pourrait parvenir à les élever dans l'échelle sociale, à leur assurer une vie moins précaire et moins misérable? Qui a cru avoir, comme homme public, des devoirs envers elles? Quelle a été la tendance des lois, sinon de subordonner les intérêts du grand nombre à ceux du petit nombre, de favoriser les monopoles, de diriger le cours de la richesse de manière à la concentrer entre les mains de quelques privilégiés? Pour arriver là, on a dû déclarer ou que le peuple n'avait point de droits, ou qu'il était incapable de les exercer. On l'a mis hors de cause, et cependant si on le considère sur la surface entière du globe, le peuple, c'est le genre humain. Ce qu'on appelle la politique, et qui n'est à le bien prendre que l'action permanente de l'égoïsme organisé, est donc fatal à l'humanité. Ce n'est, dans ses rapports avec les relations extérieures des Etats, qu'un système de violences et de fourberies pour arriver à des fins intéressées, une guerre ouverte ou latente; et à l'intérieur, l'exploitation légale de tous par quelques-uns, c'est-à-dire encore la guerre, la guerre perpétuelle de l'intérêt contre la justice, de la prérogative contre le droit commun. Et par cela même la politique, corrompue dans sa source, est essentiellement corruptrice, funeste aux mœurs publiques, placées sur la pente rapide de l'individualisme, qu'elle tend à développer sans cesse.

Quelle sage espérance les peuples pourraient-ils donc fonder sur elle? Elle n'est pas le moyen du progrès social, elle est la combinaison systématique des obstacles qui s'y opposent : et c'est pourquoi aucun progrès de quelque importance ne s'opère jamais, qu'il ne coïncide avec une révolution politique. Souvent même il résulte de là une dangereuse méprise, qui consiste, pour ainsi parler, à déplacer le principe du progrès, en s'imaginant qu'il réside dans la forme politique. Or, un changement de forme n'est pas un changement de nature. On a renversé un obstacle, mais le principe d'où il était né subsiste toujours, subsiste nécessairement, parce qu'il a sa racine dans quelque chose d'impérissable, l'amour de soi, qui porte chaque individu à se préférer à tous les autres. Quoi qu'en ait dit une superficielle et sèche philosophie, la Société n'est possible que parce qu'il existe au fond du cœur humain un autre amour également naturel, l'amour universel, qui embrasse dans son unité l'œuvre de Dieu et Dieu lui-même, amour que le christianisme a nommé charité, et qui se subordonne l'amour de soi, l'amour individuel sans le détruire. Plus l'amour supérieur a de puissance, plus la société est heureuse, tranquille et bien ordonnée. Le degré de son développement chez un peuple marque le degré du progrès social, et celui-ci détermine l'organisation politique, meilleure quand le progrès est plus grand et dans la même mesure, pire lorsqu'il est moindre. Mais, quelle que soit la forme politique, elle garde constamment sa nature négative, sa nature d'obstacle. Par elle-même elle n'opère pas le bien, elle y résiste, et pour s'en convaincre, il suffit, outre ce que nous avons dit, de se demander ce que deviendrait le monde si la justice et la charité y régnaient pleinement, si tous les droits étaient respectés, tous les devoirs accomplis spontanément. N'est-il pas clair que, dans cette hypothèse, on ne concevrait, en aucune manière, l'existence de ce qu'on nomme gouvernement? La tendance du progrès social est donc de préparer un état de l'humanité où tout gouvernement ne soit pas seulement inutile, mais impossible, et dès lors à en atténuer graduellement la puissance; ce qui ne signifie pas que la société n'ait jamais besoin de cette puissance, mais qu'elle en a d'autant moins besoin qu'elle est plus avancée dans la voie de son perfectionnement. Et, en effet, toute révolution politique déterminée par le progrès se résout, pour le peuple, dans un accroissement de liberté.

Il suit de là qu'en vertu des lois de l'humanité, qui ont leur fondement dans une loi universelle des êtres, le véritable progrès social dépend du progrès moral et s'y proportionne, ou, pour mieux dire, qu'ils ne forment l'un et l'autre qu'un seul et même progrès identique. Or, tout progrès moral n'est qu'un développement de l'amour élevé qui, en nous unissant à Dieu, nous unit à nos frères par le lien d'une commune vie, d'une sympathie puissante, mère du dévouement et du sacrifice, c'est-à-dire par ce que l'on peut concevoir de plus opposé à tout ce que le seul mot de politique réveille dans l'esprit. Et, pour l'observer en passant, voilà pourquoi la religion, qui n'est en réalité que la loi divine de l'amour supérieur, ne saurait s'allier à la politique sans être bientôt, ou en guerre directe avec elle si elle veut demeurer libre et pure, ou corrompue et asservie par elle si elle se résigne aux conditions indispensables d'une sainte alliance.

On doit comprendre maintenant pourquoi les questions purement politiques ne remuent jamais profondément le peuple, éclairé sur ses intérêts par l'instinct infaillible du vrai et du bien, et à qui, de plus, l'expérience a montré maintes fois que de ces questions de partis, quel que soit celui qui triomphe, il ne saurait sortir rien d'utile pour lui ; que, toujours plongé dans le même abaissement et la même misère, il s'agit uniquement de savoir qui l'opprimera et de quelle manière on l'opprimera. Elles ne prennent d'importance à ses yeux, et elles n'ont en effet d'importance réelle que lorsque, la société étant mûre pour un état moins imparfait, le progrès accompli dans les mœurs doit passer dans les lois et les institutions. La question politique, en ces circonstances, devient une question sociale, parce que la solution de celle-ci implique un changement déterminé dans l'organisation de l'Etat, et quelquefois un changement profond. Le peuple, alors poussé par une inspiration soudaine, renverse l'obstacle au bien qu'il ne désire plus seulement, mais qu'il veut. Il fait son œuvre, et cette œuvre est une révolution.

Le mouvement de la pensée, l'accroissement des lumières, sont sans doute un moyen de progrès et l'une de ses conditions essentielles ; car il faut vouloir pour agir, et connaître pour vouloir. Le développement de l'intelligence ne suffit cependant pas. On peut voir un but très-clairement et n'avoir pas la puissance actuelle de l'atteindre. N'y a-t-il point quelque chose de cela dans notre société présente? Elle a le vif sentiment d'un besoin qui n'est pas satisfait, la vue nette d'un ordre à réaliser qui renfermerait les conditions du mieux auquel elle aspire, et néanmoins cet ordre est resté pour elle l'objet d'un vœu stérile jusqu'ici. D'où vient cela? serait-ce des résistances matérielles qu'elle a rencontrées? est-ce la force qui lui manque? Nul ne le pensera. Qu'est-ce donc?

Eh! qui ne le sait et qui ne s'en plaint? Qui n'entend déplorer les ravages que l'égoïsme a faits parmi nous? Il a non-seulement envahi la vie pratique, mais, du haut de la tribune nationale, il s'est lui-même érigé en théorie. *Chacun chez soi et chacun pour soi* : telle est l'effroyable maxime qu'on a osé professer solennellement. On a dit à la France : Fondez votre politique et votre existence même sur la négation du principe de toute société. La société vit de sympathie, de dévouement et de sacrifices, d'amour enfin, car l'amour seul réalise l'unité, l'unité de famille, l'unité de nation, et de proche en proche, en s'épandant toujours, l'unité plus parfaite du genre humain, dernier terme du progrès social. Il est donc bien vrai que l'amour est le *sommaire de la loi*, le résumé de tous les devoirs, et l'énergie interne par laquelle on les accomplit, la puissance génératrice de tout bien, de tout ordre et de toute félicité possible sur la terre et au delà. Lorsque le Christ, de sa voix divine, vint en proclamer le règne dans une société dissoute par l'individualisme et mourant au sein de la corruption qu'il engendre, il fut vraiment le sauveur du monde : et le monde, en effet, ranimé par l'effusion d'une vie nouvelle, tressaillit d'une joie inconnue. Il avait été dit aux hommes : Vous êtes frères, et cette seule parole avait ouvert à l'humanité une voie de progrès indéfini; car la loi de fraternité, promulguée sans cesse par la religion, devait peu à peu réagir sur les lois politiques et civiles, et en changer le caractère.

L'esclavage disparut et après lui le servage. Avec la liberté naquit le peuple, et le peuple, imbu par le christianisme de l'immortelle et féconde maxime de la fraternité humaine, d'où se déduit immédiatement l'égalité sociale, eut conscience de ses droits, en réclama la jouissance, et pour lui point de repos désormais qu'il n'en ait achevé la conquête. Mais depuis que l'esprit chrétien, par des causes nombreuses que personne n'ignore, s'est affaibli et presque éteint momentanément, la fraternité universelle, admise spéculativement comme un principe incontestable, n'a plus été qu'une sorte d'axiome philosophique et de croyance stérile. Elle a cessé d'être un sentiment, elle est devenue une simple idée. Or, aucune idée sociale n'a d'action réelle qu'autant qu'elle est vivifiée par l'amour. Les hommes en ont aujourd'hui l'instinct, et cette religion qu'appellent leurs désirs vagues encore, cette religion seule capable de combler le vide qu'ils sentent eux-mêmes, et le vide plus grand que son absence a laissé dans la société, n'est que cet amour même dont le besoin les tourmente, cet amour que le christianisme, après l'avoir introduit dans la vie, pour ainsi dire individuelle, devait introduire dans la vie sociale pour y réaliser l'égalité, la fraternité, vers lesquelles, en vertu de ses lois essentielles, l'humanité ne saurait un moment cesser de tendre. Celui-là donc aura le plus fait pour l'avenir des peuples qui aura le plus contribué à réveiller en eux les sympathies désintéressées, l'esprit de dévouement, l'amour enfin qui, triomphant de toutes les passions égoïstes, nous apprend à vivre pour nos frères, et, s'il le faut, à mourir pour eux.

DU DROIT ET DU DEVOIR.

On parle beaucoup du droit et du devoir, et ce qu'on en dit pourrait faire douter qu'on en ait une idée bien nette. Nous voulons essayer d'éclaircir ces deux importantes notions; car le droit et le devoir sont les deux grands pivots de la société et de la vie humaine. Si ce n'est pas là une question du jour, de l'heure, elle n'en mérite pas moins peut-être qu'on s'y arrête quelques instants. Après ce que le temps emporte si vite, ce qui s'élève au-dessus du temps même, ce qui préside à la production des phénomènes qui se manifestent dans son cours, a aussi pour l'homme, nous l'osons croire, quelque prix et quelque intérêt.

Tout ce qui est doit être, puisque Dieu a voulu qu'il fût. Or, le droit, pour chaque être pris à part, est l'ensemble des conditions de sa vie propre et individuelle ; par cela seul qu'il est, il a le droit de continuer d'être, et conséquemment un droit essentiel à tout ce qui lui est indispensable pour conserver et développer son être.

Mais ce qui est vrai d'un individu est également vrai de tous. Tous possèdent donc le même droit de conserver et de développer leur être, et ce droit, qui appartient à tous, doit être respecté par tous et en tout ; sans quoi il n'existerait réellement pour aucun.

Cette obligation réciproque de respecter le droit d'autrui, seule garantie que chacun puisse avoir de son propre droit, est ce qu'on appelle devoir.

Le droit et le devoir ne sont donc en réalité qu'une même chose, considérée sous deux faces diverses : ces mots, qui se rattachent, par une commune racine, au même fait primitif, n'expriment que deux relations qui se déterminent mutuellement. Mon droit détermine à mon égard le devoir d'autrui : le devoir d'autrui détermine en un sens mon droit. Ainsi j'ai le droit de me nourrir ou de me conserver ; de là, le devoir d'autrui de ne pas m'empêcher de me nourrir, et de m'y aider au besoin chacun selon son pouvoir. Réciproquement ce devoir est à la fois la reconnaissance et la détermination du droit que j'ai à la nourriture nécessaire pour vivre.

Toutefois, si on remonte plus haut, on découvrira, ce que nous venons de dire subsistant, une notion plus profonde du droit et du devoir, correspondante aux deux lois les plus générales de la création.

Tout ce qui est se compose de choses ou d'êtres individuellement distincts, et si ces êtres distincts n'étaient pas, rien ne serait.

Une roche granitique, calcaire ou autre, une masse quelconque inorganique, est composée de molécules dont chacune, quoique unie aux autres, a son existence propre et séparée; et s'il n'existait pas de pareilles molécules, la masse elle-même n'existerait pas, puisqu'elle n'en est que la collection, l'assemblage.

De même les plantes et les animaux n'existent comme espèces que parce qu'il existe des individus dont la réunion forme chacune de ces espèces; et il en est ainsi de l'homme. Qu'est-ce que l'humanité, le genre humain, si ce n'est la réunion des individus distincts appelés hommes?

D'une autre part, nul individu, à quelque classe d'êtres qu'il appartienne, ne peut subsister isolément. Sa vie et le développement de sa vie dépendent de ses relations avec les êtres de même espèce, avec tous les êtres de l'univers. S'il agit sur eux, ils agissent sur lui, et bien plus puissamment; il n'a que ce qu'ils lui donnent, et, sous ce rapport, il leur est forcément subordonné. Partie d'un tout qui n'existerait point sans eux, les êtres individuels n'ont eux-mêmes d'existence possible que dans ce tout et par ce tout au sein duquel ils sont plongés, et où ils puisent perpétuellement leur portion, pour ainsi parler, de la vie une et universelle.

Ouvrez les yeux sur ce qui vous entoure, vous reconnaîtrez que l'existence des corps bruts, des pierres par exemple, des cristaux, des métaux, dépend d'une multitude de conditions chimiques, d'actions et de réactions qui continuellement s'opèrent dans la masse des corps.

L'existence des plantes et des animaux dépend de conditions, d'actions et de réactions plus nombreuses encore et plus variées. Ils ont besoin de lumière, d'électricité, de chaleur, de l'air atmosphérique, d'eau, de carbone, de sels divers, et que sais-je? Ils ont besoin les uns des autres. Les débris de végétaux forment, en grande partie, le sol où croissent la plupart des plantes, et qui leur est indispensable. Les plantes nourrissent certaines tribus, certains genres d'animaux destinés à servir eux-mêmes de nourriture à d'autres animaux.

Enfin l'homme a besoin de tous les autres êtres; il les ramène tous à son usage, les ordonne en quelque manière autour de sa vie, à l'entretien et au progrès de laquelle ils sont nécessaires à divers degrés. Il a surtout besoin de ses semblables; il en a besoin à sa naissance pour subsister seulement un jour; il en a besoin constamment. Sans eux, sans leur appui, leur concours, que serait-il? Moins que l'animal, car il manquerait et de l'intelligence que la société développe, et de l'instinct sûr de la brute, qui supplée pour elle la raison dans les étroites limites fixées par sa nature, et qu'elle ne saurait franchir.

De là deux lois universelles :

La loi qu'on peut appeler de l'individu, parce qu'elle a pour but la conservation de chaque être et de chaque chose dans son unité individuelle ;

La loi du tout, dont l'objet est la conservation de toutes les classes d'êtres harmoniquement liés entre eux dans l'unité de l'univers.

Et ces deux lois sont, comme on l'a vu, les deux conditions générales et absolues de l'existence.

Chaque être trouve en soi la première de ces lois, et il n'a qu'à suivre ses instincts naturels pour y obéir; car chaque être tend invinciblement à sa propre conservation. Mais, s'il n'obéissait qu'à cette seule loi, elle le constituerait en guerre éternelle avec tous les autres êtres, parce que, n'ayant d'autre fin que lui-même, elle le porterait en toute rencontre, par une nécessité fatale, à se préférer à eux ou à les sacrifier à lui. Son empire exclusif aurait pour conséquence la perturbation du tout et sa destruction, s'il était possible que le désordre atteignît son dernier terme, et dès lors aussi la destruction de l'individu même.

La loi du tout, conservatrice de l'universalité des êtres, est donc encore conservatrice de chaque être particulier; et comme elle consiste dans le concours de chaque être à la conservation et au développement de tous les autres êtres, dans le don qu'il leur fait de soi, suivant une mesure que déterminent les conditions mêmes de la conservation du tout, il s'ensuit que le dévouement, le sacrifice, non des autres à soi, mais de soi aux autres, est la première loi de la vie individuelle et universelle.

En se bornant à considérer les êtres intelligents, et spécialement l'homme, de la loi relative à l'individu dérive le droit; de la loi relative au tout dérive le devoir.

Tout ce qui peut être conçu sous la notion du droit se rapporte en effet originairement à l'individu, lui appartient exclusivement, et les droits collectifs ne sont qu'une extension de ce droit primitif appliqué à une individualité abstraite et, en un sens, fictive. Ainsi les droits du peuple, droits collectifs, ne sont et ne peuvent être que les droits naturels et primitifs de chacun des individus dont se compose le peuple.

Et ce qui est vrai de l'universalité des êtres est également vrai de l'homme, également vrai du peuple : le droit seul le tuerait. Sa vie et le développement indéfini de sa vie ont pour condition l'union intime et l'action commune du droit et du devoir, l'un conservateur de l'individu et de sa liberté, qui est son être même, le principe essentiel de tout progrès, de tout mouvement; l'autre conservateur de l'unité sociale, hors de laquelle nul ordre, nulle vie.

On ne saurait donc trop répéter aux hommes : défendez vos droits avec fermeté, accomplissez vos devoirs fidèlement. Le devoir sans le droit, c'est l'esclavage ; le droit sans le devoir, c'est l'anarchie.

DE LA FRATERNITÉ HUMAINE

S'il n'existait qu'un homme sur la terre, aucun des maux de l'ordre moral que la religion tend à prévenir, ou auxquels elle s'efforce de remédier, aucun des désordres que les lois répriment ne troublerait l'harmonie de l'œuvre de Dieu. Ces désordres et ces maux ne sont en réalité qu'une violation du devoir ou la violation des rapports naturels entre les hommes. Que tous les hommes donc fussent si parfaitement unis, qu'ils ne formassent, pour ainsi parler, qu'un seul être moral, un seul homme, le mal disparaîtrait du monde. Or, cette union parfaite, dont la destruction du mal serait la conséquence, et qui dès lors est ici-bas le but providentiel de l'humanité, quel en est le bien ? Qui l'opère ? Si ce n'est l'amour, l'amour de Dieu, source éternelle du bien, dans son unité infinie, et l'amour de ceux qu'à chacun de nous il a donné pour frères ? Aussi, selon la parole évangélique également profonde et consolante, aimer c'est accomplir la loi, et ce précepte résume tous les autres.

Quel plus doux nom que celui de frère ! Il exprime, il renferme en soi le divin mystère de l'amour, qui fait que tout ensemble on est plusieurs et l'on n'est qu'un, que d'innombrables vies ne forment qu'une vie, que des êtres à jamais distincts, s'entrelaçant par leurs racines dans les profondeurs de l'Être éternel, s'y touchent par tous les points, s'y sentent l'un dans l'autre, parce qu'au sein de cette immense Unité tout est un.

Quand le christianisme naquit, il y avait des nations, des peuples, des races, le plus souvent ennemies entre elles; il y avait des individus séparés par les intérêts, concentrés en soi par l'égoïsme; il y avait des maîtres et des esclaves, des classes dominatrices et une plèbe asservie; nul ne se représentait le genre humain comme une grande famille. Partout régnait le principe du mal, le principe qui divise. *Chacun chez soi et chacun pour soi*, telle était la fatale maxime, la loi infernale qui réglait en pratique les mœurs du peuple et la politique des gouvernements. La parole de Jésus promulguant, en opposition à cette exécrable loi de Satan *père du meurtre*, la loi de fraternité, la loi de vie, fut donc vraiment *la bonne nouvelle du salut* pour le monde. Aussi, avec quelle force cette puissante et suave parole retentit-elle au fond de la conscience humaine! quel ressort et quelle énergie elle lui rendit soudain! Les pauvres, les faibles, les opprimés, le peuple enfin, toujours plus accessible que ses maîtres au vrai et au bien, fut le premier à la comprendre. Le premier il eut le sentiment de la dignité de l'homme et de ses devoirs; et lorsque, remontant jusqu'à Dieu, il eut retrouvé en lui la lumière qui manquait à son intelligence, le moyen d'union et le point d'appui qui manquait à sa force, il fallut que grands, princes, rois, empereurs, tout cédât et reconnût l'empire de la loi chrétienne.

Sans doute, elle fut bien loin de produire d'abord tous ses fruits; sans doute les passions la violèrent, l'égoïsme qu'elle combat réagit contre elle, l'obscurcit à l'aide du sophisme, la corrompit, la dénatura pratiquement; sans doute on en est venu jusquà la nier au nom de son auteur; mais je le demande, malgré ces innombrables transgressions et ces prévarications solennelles, y eut-il, depuis dix-huit siècles, une époque où elle fut plus vivante, plus identifiée avec la conscience et la raison de l'homme? Le Christ, près de mourir, disait : « Mon règne n'est pas *maintenant* de ce monde. » Eh bien, les temps sont venus où son règne sera de ce monde, où le genre humain s'organisera au nom de son libérateur, d'après le principe vital et désormais incontesté de la fraternité universelle.

Elle fut, par un admirable instinct, proclamée en tête des lois, quand la vraie société, enfouie sous les ruines des idées et des mœurs chrétiennes, se dégagea de ces décombres. On sentit qu'on ne pouvait sans elle rien constituer de durable, qu'à elle seule il était donné de réaliser le grand avenir auquel l'humanité aspire invinciblement. L'égalité n'est qu'un simple fait, le fait d'identité d'origine et de nation, la liberté exprime le droit, la fraternité représente le devoir. Or, si le droit conserve dans l'intégrité de son être chaque individu pris à part, le devoir unit entre eux les individus que le droit seul laisserait isolés, qu'il établirait en un état d'hostilité mutuelle permanent. Il tient le regard de chacun fixé sur soi avec complaisance et avec une défiante inquiétude sur autrui. Evidemment, la liberté n'impose aucun dévouement, ne commande aucun sacrifice. Impuissante dès lors à résoudre par elle-même aucun des problèmes de l'ordre futur, si impatiemment attendu des peuples, elle est certes nécessaire à sa réalisation, mais elle ne saurait l'opérer par son action propre et directe. Elle détruit les obstacles qu'apporte l'égoïsme à la circulation de la vie, et, sous cet important rapport, on doit, sans hésiter, combattre et mourir pour elle. Mais elle n'est point la vie ; la vie, c'est l'amour, l'énergie sympathique qui, ramenant les individus à l'unité, fait qu'ils se pénètrent pour ainsi dire et se confondent en un seul être : la vie, c'est la fraternité. Quand les hommes, s'aimant d'un amour de frères, se traiteront réellement et s'aideront en frères, alors, uniquement alors, disparaîtront les maux qui pèsent sur la race humaine; alors, uniquement alors, les mœurs et les lois concourant au même but, la société, au lieu d'être une arène où des intérêts exclusifs luttent avec fureur, offrira le spectacle d'une famille où nul ne connaît d'intérêt que l'intérêt de tous; alors, uniquement alors, s'accomplira de soi-même ce que tenterait en vain d'effectuer une contrainte violente. Et voyez, ce n'est pas seulement au sein de chaque peuple que la fraternité, devenue pratiquement la loi interne de l'homme et la loi extérieure de la société, opérera cette union sainte; elle doit, selon les desseins de Dieu, l'opérer encore entre les peuples, destinés, eux aussi, à ne former un jour qu'une grande famille, la famille universelle du genre humain. Jour pressenti dès l'origine, jour salué de loin par tous les prophètes de l'avenir, et dont les fils d'Adam ne cessent de chercher le signe précurseur dans l'Orient mystérieux des âges: quand luira-t-elle enfin sur la terre? Nous l'ignorons. Toutefois, les temps approchent, on n'en saurait douter. Déjà les nations chrétiennes, se dégageant des langes de l'antique barbarie où l'on s'efforce en vain de les retenir, appellent de tous leurs vœux une législation fondée sur le principe de la fraternité humaine, incapables désormais d'en supporter une autre ; et les peuples eux-mêmes commencent partout à se reconnaître pour frères. La force brutale, dirigée par l'intérêt individuel, s'oppose seule à ce développement providentiel de la société. Mais que peut la force brutale contre la nature de l'homme, contre Dieu et ses lois ? Quelques insensés, que pousse et trompe un instinct mauvais, voyant le flot monter, se sont dit : Nous l'arrêterons à cet endroit du rivage, et les voilà qui se hâtent, qui se fatiguent pour emprisonner l'Océan dans un rempart de sable que la première lame balaye en se jouant.

Ne l'oublions pas néanmoins, chacun de nous a son devoir, un grand et sacré devoir qu'il lui est ordonné d'accomplir au milieu de ce mouvement universel de l'humanité vers le terme qu'elle doit atteindre. Que serait-ce, en effet, que la fraternité ? qu'une vide maxime, un mot stérile et vain si, du fond de notre cœur, l'amour fraternel ne s'épandait, comme une effusion de vie autour de nous, sur ceux qui pleurent et languissent, et souffrent, sur le vieillard délaissé, sur l'enfant dont les pauvres petits membres, amaigris par la faim, tremblotent de froid au coin de la rue ; sur son père, à qui le travail manque ; sur sa mère, en qui tout est epuisé, et les larmes même ? Et, retenez-le bien, ce n'est pas simplement le superflu de son luxe que le frère doit au frère; ce n'est pas l'aumône humiliante que le riche dédaigneux laisse tomber dans la main du pauvre; il lui doit tout ce que se doivent ceux qui, sortis du même sein, ont dormi dans le même berceau, ont été allaités par les mêmes mamelles; il lui doit, non-seulement les secours matériels, mais les soins affectueux, et la tendre compassion, et les suaves paroles qui guérissent les blessures de l'âme, ou au moins apaisent ses douleurs.

Quand la fraternité sera dans vos cœurs, elle ne tardera guère à s'introduire dans vos lois. Si celles-ci sont maintenant si dures, si impitoyables, n'est-ce point que vous-mêmes vous êtes sans pitié? Les maximes de miséricorde, les préceptes d'humanité, viennent mourir stérilement dans l'oreille des hommes, parce qu'elles y arrivent après s'être flétries en passant sur des lèvres que l'égoïsme a desséchées. Voulez-vous renouveler la face de la terre, renouvelez-vous intérieurement. Dilatez vos entrailles; qu'elles deviennent un sanctuaire d'amour, et le monde sera bientôt régénéré.

FIN.

BIBLIOTHÈQUE NATIONALE R.F. IMPRIMÉS

BIBLIOTHÈQUE NATIONALE

COLLECTION DES MEILLEURS AUTEURS ANCIENS ET MODERNES

Le volume broché, **25** c. ; relié, **45** c.

10 c. en plus par vol. pour recevoir partout franco

TRAITÉ DE L'ESPRIT

Par HELVÉTIUS

4 vol. brochés : **1** fr. — Reliés : **1** fr. **80**
40 cent. en sus pour recevoir partout franco.

Quand parut cet ouvrage, en 1758, il reçut un accueil des plus chaleureux parmi les philosophes et le grand public animé d'idées généreuses ; on le traduisit en toutes les langues, mais l'Inquisition le condamna... naturellement, et peu s'en fallut que le Parlement de Paris ne le livrât au bourreau.

Voici ce que dit Louis Blanc :

« Pas une vérité, pas une erreur ne s'échappent qu'Helvétius ne les ramène à lui ; les traits, les aperçus nouveaux, les paradoxes, il les saisit au passage et les inscrit aussitôt dans les registres de sa mémoire... Eh bien ! que voyons-nous sortir de ces conversations des philosophes, écoutées, enregistrées, analysées, résumées par Helvétius ? Le livre *De l'Esprit.* »

On ne saurait mieux dire.

En vente chez tous les libraires et à la *Bibliothèque Nationale*. — Adresser mandats ou timbres-poste français à M. L. BERTHIER, éditeur, passage Montesquieu, 5, rue Montesquieu, Paris, qui envoie partout le Catalogue gratis et franco.

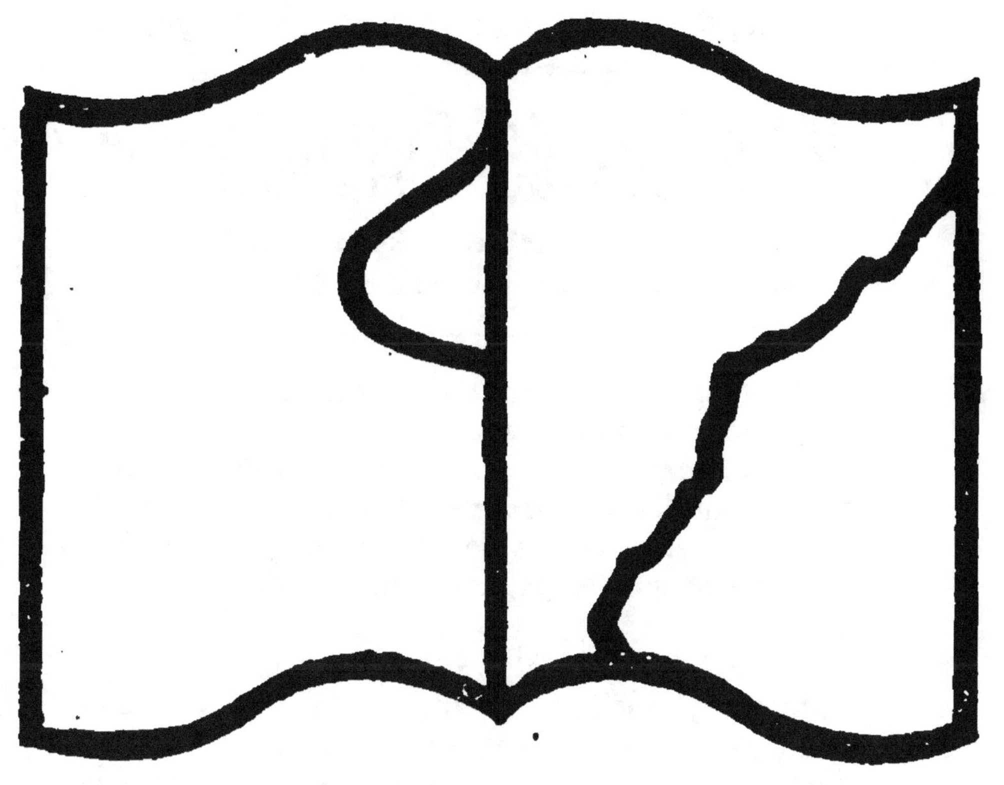

Texte détérioré — reliure défectueuse

NF Z 43-120-11

BIBLIOTHÈQUE NATIONALE

COLLECTION DES MEILLEURS AUTEURS ANCIENS ET MODERNES

Le volume broché, 25 c. ; relié, 45 c.

10 c. en plus par vol. pour recevoir partout franco

Mémoires de Beaumarchais

5 vol. br. **1** fr. **25** c. — Reliés, **2** fr. **25**

50 centimes en plus pour recevoir franco partout.

Ces Mémoires ne sont pas, comme la plupart des ouvrages publiés sous ce titre, l'autobiographie de l'écrivain. Ce sont des *Mémoires à consulter* pour les nombreux procès que Beaumarchais eut à soutenir contre les personnages les plus puissants de son temps, des membres du Parlement même.

Véritables pamphlets, d'une vigueur et d'une souplesse d'esprit incomparables, ils firent fanatisme parmi les contemporains; Voltaire les proclame « adorables » et les classe au-dessus de toutes les satires présentes et passées. Les Mémoires en question donnent une idée complète des mœurs du temps, et leur lecture est des plus agréables et réconfortantes. On se trouve en présence d'une brave et forte nature, luttant sans compter contre des puissances formidables, et qui n'ayant que son droit, finit par les vaincre.

En vente chez tous les libraires et à la *Bibliothèque Nationale*. — Adresser mandats ou timbres-poste français à M. L. BERTHIER, éditeur, passage Montesquieu, 5, rue Montesquieu, Paris, qui envoie partout le Catalogue gratis et franco.

oldsmith. Le Ministre Wakefield................
resset. Ver-Vert Méchant
amilton. Mémoires du Chevalier de Grammont...... 2
elvétius. Traité de l'Esprit 4
érodote. Histoire......... 5
omère. L'Iliade.......... 3
— L'Odyssée.............. 3
ace. Poésies............ 2
udy-Dugour. Cromwell.. 1
ovenal. Satires.......... 1
Boëtie. Discours sur la Servitude volontaire...... 1
Bruyère. Caractères.... 2
Fayette (Mme de). La Princesse de Clèves...... 1
Fontaine. Fables......... 2
Contes et Nouvelles..... 2
mennais. Livre du Peuple. 1
Passé et Avenir du Peuple 1
Paroles d'un Croyant.... 1
Rochefoucauld. Maximes 1
Sage. Gil Blas.......... 5
Le Diable boiteux....... 2
Bachelier de Salamanque 2
Turcaret. Crispin rival.. 1
spinasse (Mlle de). Lettres choisies)................ 1
guet. Histoire de la Bastille.................... 1
gus. Daphnis et Chloé... 1
ien. Dialogues des Dieux et des Morts............ 1
rèce. De la Nature des Choses................... 2
bly. Droits et Devoirs... 1
Entretiens de Phocion.. 1
achiavel. Le Prince...... 1
aistre (X. de). Voyage autour de ma Chambre..... 1
— Prisonniers du Caucase. 1
aistre (J. de). Soirées de Saint-Pétersbourg....... 1
alherbe. Poésies......... 1
arivaux. Théâtre......... 2
armontel. Les Incas...... 2

Mo
Do
Bou
Comt
1 v.; Mi
savantes
George
lade imagi
ries de Scap
tourdi. Sganarelle, 1 v.; L'École des Femmes. Critique de l'École des Femmes, 1 v.; Médecin malgré lui. Mariage forcé. Sicilien, 1 v.; Amphitryon. École des Maris, 1 v.; Pourceaugnac. Les Fâcheux. L'Amour médecin. 1
Montaigne. Essais (1er livre) 1
Montesquieu. Lettres persanes.................. 2
— Grandeur et Décadence des Romains............ 1
— Le Temple de Gnide.... 1
Ovide. Métamorphoses..... 3
Parny. La Guerre des Dieux. Le Paradis perdu........ 1
Pascal. Pensées.......... 1
— Lettres provinciales.... 2
Perrault. Contes.......... 1
Pigault-Lebrun Le Citateur 1
— Mon Oncle Thomas..... 2
— L'Enfant du Carnaval...
Piron. La Métromanie.....
Plutarque. Vie de César... 1
— Vie de Pompée. Sertorius. 1
— Vies de Démosthène, Cicéron, Caton le Censeur. 1
— Vies de Marcellus, Marius, Sylla..............

BIBLIOTHÈQUE NATIONALE

COLLECTION DES MEILLEURS AUTEURS ANCIENS ET MODERNES

Le volume broché, 25 c. ; relié, 45 c.

10 c. en plus par vol. pour recevoir partout franco

Mémoires de Beaumarchais

5 vol. br. **1 fr. 25** c. — Reliés, **2 fr. 25**

50 centimes en plus pour recevoir franco partout.

Ces Mémoires ne sont pas, comme la plupart des ouvrages publiés sous ce titre, l'autobiographie de l'écrivain. Ce sont des *Mémoires à consulter* pour les nombreux procès que Beaumarchais eut à soutenir contre les personnages les plus puissants de son temps, des membres du Parlement même.

Véritables pamphlets, d'une vigueur et d'une souplesse d'esprit incomparables, ils firent fanatisme parmi les contemporains; Voltaire les proclame « adorables » et les classe au-dessus de toutes les satires présentes et passées. Les Mémoires en question donnent une idée complète des mœurs du temps, et leur lecture est des plus agréables et réconfortantes. On se trouve en présence d'une brave et forte nature, luttant sans compter contre des puissances formidables, et qui n'ayant que son droit, finit par les vaincre.

En vente chez tous les libraires et à la *Bibliothèque Nationale*. — Adresser mandats ou timbres-poste français à M. L. BERTHIER, éditeur, passage Montesquieu, 5, rue Montesquieu, Paris, qui envoie partout le Catalogue gratis et franco.

oldsmith. Le Ministre Wakefield................

resset. Ver-Vert Méchant

lamilton. Mémoires du Chevalier de Grammont...... 2

Ielvétius. Traité de l'Esprit 4

lérodote. Histoire.......... 5

lomère. L'Iliade............. 3

— L'Odyssée................ 3

race. Poésies............. 2

udy-Dugour. Cromwell.. 1

venal. Satires. 1

Boëtie. Discours sur la Servitude volontaire...... 1

Bruyère. Caractères.... 2

Fayette (Mme de). La Princesse de Clèves...... 1

Fontaine. Fables......... 2

Contes et Nouvelles..... 2

mennais. Livre du Peuple. 1

Passé et Avenir du Peuple 1

Paroles d'un Croyant.... 1

Rochefoucauld. Maximes 1

Sage. Gil Blas........... 5

Le Diable boiteux....... 2

Bachelier de Salamanque 2

Turcaret. Crispin rival.. 1

spinasse (Mlle de). Lettres choisies)................ 1

guet. Histoire de la Bastille..................... 1

gus. Daphnis et Chloé... 1

ien. Dialogues des Dieux et des Morts............. 1

crèce. De la Nature des Choses................... 2

bly. Droits et Devoirs... 1

Entretiens de Phocion.. 1

achiavel. Le Prince....... 1

Maistre (X. de). Voyage autour de ma Chambre..... 1

— Prisonniers du Caucase. 1

Maistre (J. de). Soirées de Saint-Pétersbourg....... 1

Malherbe. Poésies........ 1

Marivaux. Théâtre......... 2

Marmontel. Les Incas..... 2

Mo

Do

Bon

Comte

1 v.; Mi

savantes

George I

lade imagi

ries de Scap

tourdi. Sganarelle, 1 v.; L'École des Femmes. Critique de l'École des Femmes, 1 v.; Médecin malgré lui. Mariage forcé. Sicilien, 1 v.; Amphitryon. École des Maris, 1 v.; Pourceaugnac. Les Fâcheux. L'Amour médecin. 1

Montaigne. Essais (1er livre) 1

Montesquieu. Lettres persanes................... 2

— Grandeur et Décadence des Romains............. 1

— Le Temple de Gnide.... 1

Ovide. Métamorphoses..... 3

Parny. La Guerre des Dieux. Le Paradis perdu...... 1

Pascal. Pensées........ 1

— Lettres provinciales.... 2

Perrault. Contes.......... 1

Pigault-Lebrun. Le Citateur 1

— Mon Oncle Thomas..... 2

— L'Enfant du Carnaval... 2

Piron. La Métromanie..... 1

Plutarque. Vie de César... 1

— Vie de Pompée. Sertorius. 1

— Vies de Démosthène, Cicéron, Caton le Censeur. 1

— Vies de Marcellus, Marius, Sylla.............. 1

. 1
. 1
. 1
... 1
.... 1
rsel. 1
res.... 4
mile, 4 v.;
1 v.; De
.; La Nouvelle Héloïse, 5 vol.; Confessions 5
Saint-Réal. Don Carlos. Conjuration contre Venise... 1
Salluste. Catilina. Jugurtha. 1
Scarron. Roman comique... 3
— Virgile travesti.......... 3
Schiller. Les Brigands..... 1
— Guillaume Tell........... 1
Sedaine Philosophe sans le savoir. La Gageure....... 1
Sévigné (Mme de). Lettres choisies................ 2
Shakespeare. Hamlet, 1 v.; Roméo et Juliette, 1 v.; Othello, 1 v.; Macbeth, 1 v.; Le Roi Lear, 1 v.; Le Marchand de Venise, 1 v.; Joyeuses Commères,
Le Songe d'une Nuit
, 1 v; La Tempête,
v.; Vie et Mort de Richard III, 1 v.; Henri VIII, 1 v.; Beaucoup de bruit pour rien, 1 v.; Jules César 1
Sterne. Voyage sentimental 1
— Tristram Shandy......... 4
Suétone. Douze Césars...... 2
Swift Voyages de Gulliver. 2
Tacite. Mœurs des Germains 1
— Annales de Tibère........ 2
Tasse. Jérusalem délivrée. 2
Tassoni. Seau enlevé....... 2
Tite-Live. Histoire de Rome 2
Vauban. La Dîme royale... 1
Vauvenargues. Choix 1
Virgile. L'Enéide............ 2
— Bucoliques et Géorgiques 1
Volney Les Ruines. La Loi naturelle 2
Voltaire Charles XII, 2 v.; Siècle de Louis XIV, 4 v.; Histoire de Russie, 2 v.; Romans, 5 v.; Zaïre, Mérope. 1 v.; Mahomet, Mo de César, 1 v; La Henriade, 1 v.; Contes en vers et Satires, 1 v.; Traité su la Tolérance, 2 v.; Correspondance avec le roi de Prusse.................
Xénophon. Retraite des Di Mille...................
— La Cyropédie.........

Le vol. broché, **25** c.; relié, **45** c.; *F°*, **10** c. en sus par volu

Nota. — Le colis postal diminue beaucoup les frais de port 1 colis de 3 kil. peut contenir 38 vol. brochés ou 34 reliés; celui 5 kil., 65 vol. brochés ou 55 reliés.

Adresser les demandes affranchies à M. L. PFLUGER, *édit passage Montesquieu, r. Montesquieu, près le Palais-Royal, Pari*

Dictionnaire de la Langue française usuelle, de 416 pa

Prix, cartonné, 1 fr.; franco, 1 fr. 20.

www.ingramcontent.com/pod-product-compliance
Lightning Source LLC
LaVergne TN
LVHW050533100826
845148LV00002B/548

* 9 7 8 2 0 1 2 6 8 7 6 8 4 *